EL BIENQUERER

PAULA DELGADO

EL BIENQUERER

Aprende a construir relaciones emocionalmente sanas

DIANA

Obra editada en colaboración con Editorial Planeta – España

© 2023, Paula Delgado Corcobado

© 2023, Editorial Planeta S.A. – Barcelona, España

Derechos reservados

© 2023, Editorial Planeta Mexicana, S.A. de C.V.
Bajo el sello editorial DIANA M.R.
Avenida Presidente Masarik núm. 111,
Piso 2, Polanco V Sección, Miguel Hidalgo
C.P. 11560, Ciudad de México
www.planetadelibros.com.mx

Primera edición impresa en España: enero de 2023
ISBN: 978-84-08-26582-5

Primera edición en formato epub en México: junio de 2023
ISBN: 978-607-39-0205-2

Primera edición impresa en México: junio de 2023
ISBN: 978-607-39-0169-7

Impreso en los talleres de Litográfica Ingramex, S.A. de C.V.
Centeno núm. 162-1, colonia Granjas Esmeralda, Ciudad de México
Impreso en México –*Printed in Mexico*

Para mi padre, que me enseñó el amor por los libros, pero también a cuestionar todo lo que leía.

SUMARIO

INTRODUCCIÓN

Construyendo relaciones sanas desde los cimientos

En los últimos años se habla cada vez más de relaciones tóxicas, de relaciones violentas y de cómo evitarlas. Toda esta información nos ha salvado a muchas de estar en lugares que nos dañaban y nos ha ayudado a poder comprender el amor y el sexo de otra manera.

Sin embargo, una vez que haces todo ese recorrido en el que te desprendes de la posesividad, de la jerarquía y de todos los mitos que antes marcaban el camino, puedes sentir un gran vacío, un «¿y ahora qué?». Y es que en demasiadas ocasiones nos faltan herramientas que nos permitan alinear las relaciones con nuestros valores, y acabamos cediendo ante necesidades básicas, siendo incapaces de marcar límites, o perpetuando de manera inconsciente patrones que ya nos han dañado otras veces, por lo que las relaciones pueden acabar desgastándose con el tiempo.

Una vez que nos salimos del modelo normativo, nadie nos enseña por dónde ir, no hay carriles marcados. Por eso, este libro no va sobre cómo detectar relaciones violentas, sino sobre cómo construir relaciones sanas.

El objetivo es aportar claridad a todas esas situaciones en

las que nos debatimos entre cabeza y corazón, y tratar de entender que una relación sana no es la que dura para siempre —a veces las rupturas también son actos de amor—, sino aquella en la que nos sentimos escuchadas y acompañadas en los conflictos. Además, esto no se limita solo al plano romántico, sino que la gestión emocional y la responsabilidad afectiva son las claves para que toda nuestra red afectiva sea más segura.

No existe una edad idónea para comenzar este proceso, al igual que no existe un tiempo estándar para completarlo. Lo ideal es que este sea un recurso más dentro de los muchos que podemos necesitar cuando nos planteamos un punto de inflexión en nuestras vidas. Por eso no es un libro de autoayuda, sino de divulgación, porque cada persona es experta en sí misma. No pretendo dar claves que le funcionen a todo el mundo, sino maneras de descubrir cuáles son las que van con nosotras.

A título personal, escribir este libro también supone un reto, ya que aprender a tener relaciones sanas ha sido, desde hace varios años, parte de mi proceso personal, que no puedo asegurar que haya acabado (¿se puede asegurar eso en algún momento?). Así que gracias por acompañarme en este viaje. Espero que disfrutes de la lectura tanto como yo he disfrutado escribiéndolo.

Salamanca, septiembre de 2022

1
QUÉ ES Y QUÉ NO ES AMOR

Todos tenemos en mente el amor de las películas románticas, en las que las historias siguen más o menos el mismo esquema: la chica está cansada de que le rompan el corazón una y otra vez, por lo que decide no fiarse de nadie. Pero aparece alguien por casualidad, quizás un extraño que es amable con ella en un banco, o un joven con prisas que se choca con ella a la entrada del trabajo. Desde ese momento parece que sus destinos están cruzados y no paran de verse por todas partes, hasta que se dan los primeros pasos e intercambian unas palabras. Normalmente, ahí se dan cuenta de que existe algo que les separa, que puede ser un ex, una familia entrometida o distintos estilos de vida, pero a primera vista parece que es una relación que no va a funcionar. Hasta que al final, a base de insistencia y de grandes gestos románticos, el chico consigue que la chica vuelva a confiar en el amor. Y la última imagen son ellos, años después, viviendo en una casa enorme con sus hijos y todavía felizmente enamorados.

A estas alturas, ya todas tenemos más o menos claro que ese amor no es real, que nos han vendido algunas ideas como la del amor a primera vista, la de la media naranja o el «vivieron felices para siempre», que no son del todo fieles a las vivencias que tenemos en nuestro día a día. Pero, aunque lo entendamos y seamos conscientes de ello, eso no significa que sea fácil desterrar esas creencias y cambiar nuestra manera de sentir las relaciones.

Porque dentro de ese amor de película no se tienen en cuenta las necesidades de las personas que conforman la relación. Se busca que se amolden lo máximo posible al modelo preestablecido, como podemos ver en las películas o series que acaban con uno de los dos protagonistas cambiando su personalidad por completo para ser aceptado por la otra persona. Lo peor es que nos dan la impresión de que, como lo hacen por amor, resulta fácil y natural. Y no lo es.

La realidad es que no es nada sencillo cambiar todo nuestro mundo por otra persona, por muy enamoradas que estemos. Sin embargo, este ideal de amor consigue que lo intentemos y que nos dejemos la piel en relaciones que no van a ninguna parte, porque «como nos queremos, tiene que funcionar». Y al seguir este esquema, nos olvidamos de que se necesita mucho más que eso para que una relación funcione, ya que si no existe libertad, honestidad, compromiso o confianza, el amor no es suficiente.

Además, el éxito de las relaciones se asocia con aspectos como durar para siempre, la vida sexual o tener hijos en común, pero el hecho de que una relación sea idílica hasta tal punto no significa que sea sana. Existen muchas (demasiadas) parejas que han conseguido todos estos objetivos sociales y, sin embargo, no son felices en su relación, o incluso existen dinámicas de violencia y maltrato.

Además, la existencia de violencia no siempre es necesariamente explícita ni premeditada. Por eso muchas veces se usa el término «toxicidad» para hacer referencia a las conductas o dinámicas que nos dañan y que se dan por una falta de gestión emocional, pero en las que no existe premeditación ni intencionalidad de someter a la otra persona.

EL AMOR TÓXICO Y SUS MITOS

El amor tóxico es aquel en el que, sin llegar a existir una violencia intencional, se generan dinámicas de agresividad, control y manipulación. Muchas de estas conductas guardan relación con algunos de los mitos del amor romántico, de los que hablaremos un poco más adelante, o con expectativas sociales sobre cómo deben ser las relaciones.

La sociedad espera que sigamos un camino marcado de antemano en todas las relaciones, lo que a veces se denomina «escalera social», es decir, los hitos que marcan el supuesto compromiso de las relaciones, como la monogamia, la convivencia, el matrimonio o la crianza. Estos objetivos no son negativos en sí mismos, pero suponen un conflicto cuando se anteponen a las necesidades de alguna de las partes de la relación.

También es habitual encontrarnos con una falta de gestión emocional en nuestras relaciones, porque, al final, nadie nos suele enseñar estas cosas, sino que las aprendemos a través de lo que vemos y de las vivencias de las personas que hay a nuestro alrededor. Eso significa que a veces actuamos en automático y nos faltan herramientas conscientes para resolver conflictos.

Una de las cosas que señalan las personas que tienen relaciones que no son sanas es que se sienten poco escuchadas por sus parejas, carecen de espacios seguros para expresar sus emociones o les da miedo expresar ciertas opiniones o tomar algunas decisiones por cómo pueda reaccionar la otra parte. Esto afecta a la hora de afrontar situaciones que puedan llevar a una discusión, y se tenderá a evitarlas lo máximo posible.

La mayoría de los conflictos que requieren una gestión, que a veces consiste simplemente en validar el mensaje de la otra persona, suelen surgir por celos, por falta de comunicación o por competitividad. Esto puede ir desde la invalidación emocional en aspectos del día a día («no deberías sentirte así») hasta dinámicas muy cercanas al círculo de la violencia, en el que las personas rompen con la relación y vuelven a ella constantemente, queriendo empezar desde cero, pero arrastrando cada vez más problemas y tensiones.

Además, existen muchos mitos que nos afectan a la hora de vivir nuestras relaciones. La mayoría se basan en evitar salir de la normatividad impuesta y en cumplir con los estereotipos que hemos mencionado antes, pero pueden resultar peligrosos cuando los tomamos por dogmas en vez de plantearnos si creemos realmente en ellos o no.

Quizás el más dañino de todos sea el de que «solo existe una persona adecuada para ti», es decir, tu media naranja. ¿Cómo no va a agobiar pensar que solo existe una persona en el mundo con quien puedes ser feliz? Resulta aterrador. Y si eso fuera cierto, es probable que nunca llegásemos a conocer a esa persona. La realidad es que podemos tener varios vínculos románticos significativos a lo largo de nuestra vida y que existen muchas personas con las que podemos conectar.

Lo cierto es que no existe ninguna persona con la que, por arte de magia, podamos mantener una relación perfecta, tal como nos han hecho creer. No existe una persona con la que desde el minuto en que congeniamos ya nada cambie y todo sea maravilloso para el resto de nuestras vidas. Esto no solo es mentira, sino que, además, cuando lo buscamos, nos estamos condenando al fracaso.

Otra de las creencias que nos afecta es la de que «si realmente quieres a alguien, no tendrás ojos para nadie más». Esto, además de no ser cierto, es uno de los aspectos que más contribuye al juego celoso en las relaciones, donde tratamos de comprobar el amor de nuestra pareja a través de sus celos, cuando realmente ambos elementos no están relacionados. Los celos tienen más que ver con nuestras necesidades e inseguridades que con el amor. De hecho, esa sensación a la que denominamos «celos» es un cajón de sastre de muchas emociones, desde la competitividad hasta el miedo al abandono. Este mito se convierte en una excusa para ejercer control en las relaciones, ya que nos cargamos con el peso de que la persona con la que estamos no puede sentirse atraída por nadie más y reaccionamos ante cualquier amenaza que percibamos a ese aspecto, sea real o no.

Sin embargo, existen personas que pueden enamorarse de varios vínculos a la vez, o gente que, a pesar de sentir atracción por otras personas, elige mantener su pareja. También cabe la posibilidad de que alguien realmente no se fije en nadie más, pero eso no garantiza que su amor sea ético.

Otro de los mitos que se nos cuenta y que muchas veces lleva a malas dinámicas en las relaciones es aquel que dice que «si no hay sexo, es que va mal la cosa». Aunque el tema de la sexualidad lo abordaremos un poco más adelante, es importarte resaltar que el erotismo es solo un componente de la intimidad, además de no ser estable a lo largo de nuestra vida, por lo que no define la calidad del vínculo en sí mismo.

Existe también otra idea que facilita los vínculos tóxicos: la creencia de que mientras la otra persona te quiera y tú la quieras a ella, podréis con cualquier obstáculo que se ponga por delante. Es decir, pensar que «el amor de verdad puede con todo». Sin embargo, no siempre basta con sentir amor, y solemos necesitar también otras cosas, como honestidad, confianza o comunicación, para que las relaciones funcionen.

Relacionadas con las expectativas de futuro encontramos también varias ideas preconcebidas. Por ejemplo, pensar que «el amor solo es de verdad cuando es para siempre», ya que, como hemos mencionado antes, las relaciones que cumplen con todas las expectativas sociales no tienen por qué ser sanas solo por eso. Precisamente, esta es una de las ideas que más daño puede causar en las relaciones, ya que provoca que alarguemos situaciones que realmente ya no nos hacen felices desde hace tiempo. Es decir, «para siempre» no es sinónimo de éxito, y una relación no es más exitosa por el hecho de ser más duradera en el tiempo.

También parece muy obvio pensar que «el objetivo principal de tener una relación es casarse y tener hijos». Sin embargo, esto no es necesariamente cierto, ya que cada persona tiene derecho a decidir sus propios objetivos, y quizás para algunas sean estos y para otras, no. Es perfectamente válido que tu expectativa de vida no se ajuste a la de los demás.

Por último, me parece importante resaltar el mito de que «los niños necesitan un padre y una madre para ser felices», porque esto se suele usar para invalidar las relaciones que no son monógamas y cisheterosexuales. Es un argumento bastante habitual en algunos ambientes y no tiene en cuenta que los menores necesitan figuras de apego estables, ya sean un padre y una madre, dos madres, tres padres o una abuela.

Por tanto, existen muchas ideas preconcebidas que nos llevan a tener vínculos en los que pasamos por alto lo que nos hace daño, en los que ignoramos nuestras necesidades diarias a cambio de grandes promesas o actos románticos, y en los que acabamos cediendo a modelos en los que no nos sentimos cómodas.

Y es que no es cierto que si tú no te quieres, nadie te va a querer, porque, aunque nos odiemos, hay personas que nos querrán igual, pero si no nos tratamos bien a nosotras mismas, es probable que no sepamos valorar y corresponder a ese amor de los demás.

Por tanto, cuando queremos deconstruir estas ideas y estos patrones automáticos que hemos aprendido a lo largo de nuestra vida, tenemos que empezar a hacernos más autoconscientes y a establecer una relación sana con nuestro propio ser antes de pretender tenerla con otras personas.

GESTIÓN EMOCIONAL: QUÉ ES Y CÓMO TRABAJAR EN ELLA

La gestión emocional es el proceso que nos permite hacernos más conscientes de nuestras emociones y darles el valor que tienen en cada momento. Nos permite saber qué es y qué no es el amor para nosotras, ya que no todo el mundo se sentirá identificado con el modelo de amor tradicional, como hemos visto antes. Que quede claro que cuando hablamos de amor sano no nos referimos a aquel que aspire a cumplir con los objetivos culturalmente marcados por encima de todo, sino al que nos hace sentir cómodas y seguras y que puede variar de forma infinitas veces con el paso del tiempo.

Las herramientas que aprendemos en gestión emocional nos ayudan a tomar conciencia de nuestras emociones y tienen que ver con cómo nos hablamos a nosotras mismas, con cómo nos comunicamos o con nuestra flexibilidad mental.

Normalmente, nadie nos enseña nada sobre nuestras emociones. De hecho, los estereotipos de género influyen mucho en ello, ya que condicionan cómo se nos trata desde que nacemos. Hay estudios que han demostrado, por ejemplo, que a los bebés niña se les consuela más rápido cuando lloran y se les dedican palabras como «bella», «delicada» o «sensible», mientras que a los bebés niño se les exige ser menos emocionales y se les habla en términos de «fortaleza», «hombría» o «valentía».

Esto afecta a cómo nos comportamos de adultos. Hablando en términos de género binario, a las mujeres se nos enseña a ser cuidadoras, es decir, nuestra valía está ligada a lo buenas que somos con los demás (buena madre, buena esposa, buena amiga, etc.), mientras que la valía de los hombres está ligada al éxito personal e importa bastante poco cómo traten a los demás para conseguirlo. Todo esto se ve reflejado en las relaciones, ya que, por lo general, son las mujeres las que llevan la carga organizacional, es decir, quienes se ocupan de dirigir aspectos como cuándo hablamos de los problemas, planear tiempo de calidad, hacer de mediadoras en conflictos con otras personas, etc. Esto es agotador, y a la larga, hace que la mayoría de las mujeres se sientan insatisfechas en sus relaciones de pareja con hombres cisheterosexuales.

De hecho, en la consulta se ve bastante algo que está muy relacionado con esto. Se trata de las parejas en las que una parte siente que hace todo el trabajo, entrena su gestión emocional, se comunica asertivamente y admite sus errores cuando los comete, mientras que la otra parte no hace nada de este trabajo. Muchas veces, estos conflictos están asociados a la socialización en género que han tenido esas personas, que ha hecho que a muchos hombres se les haya enseñado que la única manera válida de expresar sus emociones es mediante el enfado, por lo que reprimen toda su expresión emocional al mínimo.

Por otro lado, a las mujeres se nos educa para aguantar, para ser complacientes y para justificar las conductas que nos dañan de nuestras parejas porque «son hombres». Esta cultura estaba especialmente arraigada en el siglo XX y, aunque parece que ahora estamos avanzando un poco en ese aspecto, podemos llegar a tener dificultades para deconstruir totalmente estos pensamientos patriarcales.

Aparte de nuestro contexto social y cultural, y de lo importante que es analizarlo, existen algunas claves para mejorar nuestra gestión emocional que van a repetirse a menudo a lo largo de este libro. Vamos a analizarlas brevemente y, más tarde, las veremos en profundidad.

Por un lado, está la validación emocional, un término que hace referencia a la forma que tenemos de respetar nuestras emociones y las ajenas. Tiene que ver con la empatía, y a veces se confunde con la justificación, pero son conceptos muy distintos. Validar es entender que no todas las emociones se pueden racionalizar y que distintas personas podemos vivir el mismo evento de una manera diferente. Frases como «es lógico que te sientas así» o «entiendo tu malestar» son validantes, mientras que otras como «estás exagerando» o «yo no me he sentido así cuando ha pasado esto» niegan la emoción de la otra persona. Esto genera un sentimiento de culpa en muchas ocasiones, y también lleva a que la persona invalidada se pueda poner a la defensiva rápidamente.

Por otro lado, tenemos la flexibilidad mental. Cuando nuestra manera de pensar es muy rígida o muy extrema, a veces nos puede costar ponernos en el lugar de la otra persona. Podemos llegar a ser invalidantes sin darnos cuenta, o a sentirnos incapaces de llegar a acuerdos en situaciones en las que nos toca ceder. La rigidez no siempre va ligada a nuestra personalidad; puede tener que ver con haber vivido ciertas experiencias en el pasado que nos han provocado sentir que necesitamos defendernos de las opiniones ajenas constantemente, o con la manera en la que nos han educado. En algunas ocasiones, la rigidez cognitiva se puede ver reforzada por el estado de nuestra salud mental, ya sea por rasgos de algún trastorno de la personalidad, o por cuadros de ansiedad, depresión o estrés postraumático. Lo importante es que podemos entrenar nuestro cerebro para que sea más flexible, aunque en algunas ocasiones esto requiere ayuda profesional individualizada, ya que cada experiencia es distinta.

Por último, algo que nos suele tocar trabajar a la hora de

mejorar nuestras relaciones es la manera que tenemos de generar expectativas; aunque esto está relacionado con el punto anterior, en mi opinión tiene importancia en sí mismo. Las expectativas son las imágenes mentales que creamos sobre «cómo deberían ser las cosas» y están muy condicionadas por nuestra cultura. Por ejemplo, tienes una primera cita y esperas que esa persona te escriba al día siguiente; si no lo hace, te puedes sentir decepcionada. Y cuanto mayor sea esa expectativa («no solo me va a llamar, sino que se va a presentar a recogerme después del trabajo, porque ayer le mencioné que trabajaba aquí»), mayor será la decepción.

Los mitos del amor romántico alimentan nuestras expectativas menos realistas, y la rigidez cognitiva hace que muchas veces vivamos como verdaderas traiciones el que no se cumplan. Por eso, ser conscientes de que existen nos puede ser útil para evitar sentir tanto malestar en estos casos. Cuidado, porque esto no significa que tener expectativas sea algo negativo. Necesitamos tenerlas para motivarnos y para seguir adelante en muchas situaciones; el problema viene cuando no son realistas, o cuando involucran a otras personas que no tienen ni idea de la existencia de estas expectativas.

Por otro lado, está la parte práctica de la gestión emocional, la que tiene que ver con la comunicación, la creación de acuerdos o los límites. Aquí nos encontramos con dinámicas como la de no comunicar las necesidades al principio de las relaciones para no causar conflictos, lo que acaba explotando más adelante; la de necesitar validarnos y regularnos a través de nuestra pareja o de otras personas, la de no poner límites o la de aceptar acuerdos con los que no estamos conformes y que podemos llegar a saltarnos en ciertos momentos. Este tipo de gestión está muy relacionada con nuestras experiencias previas en otras relaciones, y también con los modelos y referentes que hemos tenido a lo largo de la infancia y la adolescencia. Profundizaremos más en ello cuando hablemos sobre cómo construir relaciones sanas en el capítulo cuatro.

Por eso, es importante entender que existen un montón de factores que nos afectan a la hora de saber qué es el amor y de construir relaciones de intimidad sanas. Además, necesitamos indagar en esas cuestiones, saber qué queremos, qué no queremos, qué nos hace felices y qué nos supone una carga, para no crear vínculos aceptando las normas de los demás. Una herramienta básica que nos va a ayudar en todo momento para poder empezar a abrir ese jardín es el autoconocimiento.

LA IMPORTANCIA DEL AUTOCONOCIMIENTO

El autoconocimiento es la información que tenemos sobre nosotras mismas. Nos permite entendernos, definir nuestros deseos y querencias, ser conscientes de nuestras expectativas y de nuestro pasado, e integrar toda esa información de una manera positiva para nosotras. Esta herramienta nos da las claves para construir relaciones sanas, ya que no hay un solo molde que sirva para todo el mundo, sino que nos tocará hacer arqueología emocional para saber qué necesitamos cada una de nosotras.

Se trata de una herramienta que podemos trabajar a lo largo del tiempo. Pero cuidado con pensar que el trabajo personal y el empoderamiento son caminos fáciles, pues cuando te conoces, te toca ver aquellas partes de ti misma que intentas esconder bajo la alfombra, te toca enfrentarte a cosas de las que no te sientes orgullosa, a ser humilde contigo misma y a entender que normalmente vamos a ser las heroínas en unas situaciones y las villanas en otras. Por ese motivo, necesitamos aprender a cuestionarnos desde la compasión con nosotras mismas, no desde la culpa ni el rencor, sino desde la conciencia de que hacemos lo que podemos con las herramientas que tenemos en el momento. Está claro que podemos ser responsables y mejorarlas de cara al futuro, pero lo que ya está hecho no lo podemos cambiar.

Si no nos conocemos a nosotras mismas, es probable que acabemos aceptando las normas de otras personas en las relaciones, que cedamos ante acuerdos que en realidad no nos convencen nada o que no sepamos expresar qué es lo que nosotras queremos en esa relación. Simplemente nos dejamos llevar hasta que existe un punto de inflexión en el que tomamos conciencia de lo lejos que estamos de lo que nos gustaría tener.

Ana llevaba cuatro años de relación con María. Siempre había sentido que María era demasiado celosa, pero poco a poco había ido cediendo en cosas para no provocar discusiones. Al principio, esas cosas le parecían muy pequeñas: procuraba estar atenta al móvil siempre que estaba de fiesta, dejó de salir con un grupo de amigas porque entre ellas estaba su exnovia, cambió el horario de las clases de baile (aunque le venía peor) por no coincidir con una chica que a María le generaba inseguridad, etc. Sin embargo, con el tiempo, las demandas iban a más y Ana se sentía cada vez más frustrada con la relación.

Esto provocaba que estuviera distante, lo que aumentaba la inseguridad y las demandas de María. Vivían en un bucle de reproches constantes y Ana tenía miedo de las reacciones de María, porque cuando María lloraba o se sentía triste, Ana se sentía terriblemente culpable.

De hecho, para evitar estas situaciones, empezó a ocultar cosas a María, como no decirle que volvía a quedar con ese grupo de amigas en el que estaba su exnovia, porque Ana sabía que no suponía una amenaza para la relación, pero estaba convencida de que su pareja no lo iba a entender.

Poco a poco, estas situaciones se convirtieron en mentiras, ya que Ana le decía que estaba en el gimnasio para poder quedar con sus amigas y borraba conversaciones del móvil (sospechaba que María lo miraba de vez en cuando). Al final, un día, durante una conversación banal con una amiga en común, todo salió a la luz y la reacción de María fue cortar la relación, ya que estaba convencida de que si le había ocultado eso, era porque había tenido algo con su expareja.

Se mudaron a casas distintas y Ana empezó a ir a terapia, porque no entendía la ruptura y se sentía culpable por la situación. Ahí fue cuando se dio cuenta de que en realidad nunca había estado de acuerdo con las demandas de María y de que cuando dejó que la situación llegara demasiado lejos, ya estaba muy cansada emocionalmente de la relación como para intentar trabajar en ella. Simplemente daba por hechas las reacciones de María e intentaba evitarlas al máximo.

En situaciones como esta somos conscientes de que si no entendemos nuestras necesidades y límites antes de comenzar una relación, es habitual que adoptemos las de la persona con la que nos relacionamos.

Podríamos definir las necesidades como los requisitos mínimos que precisamos para poder sentirnos cómodas y seguras en un vínculo de cualquier tipo. La mayoría tenemos algunas necesidades generales, como que la otra persona nos respete o no nos agreda, pero el resto son bastante personales.

Si yo tuviera que hacer una lista de mis necesidades en la relación, probablemente se vería así:

- Sentirme validada cuando expreso mis emociones.
- Tener una comunicación no violenta en todo momento.
- Sentir que los demás entienden mis conflictos con la ansiedad y el estrés postraumático y que saben que estoy trabajando en ellos.
- Relacionarme con gente tolerante con las distintas opiniones.
- Relacionarme con personas que traten bien a los demás, aunque no los conozcan, y que no tengan intención de hacer daño en general (porque, de lo contrario, me transmiten la sensación de que podrían hacérmelo a mí más adelante).

Estos son algunos de los requisitos que me hacen sentir segura en una relación. Algunos tienen que ver directamente con cómo me siento yo, mientras que otros están más relacionados con características que me atraen de la gente. Lo importante es que cuando no se dan, me siento como si estuviera luchando a contracorriente y defendiéndome a cada paso.

Por supuesto, nuestras necesidades cambian con el tiempo y, quizás, si en unos años leo esta lista, no me sentiré identificada con lo que pone en ella. Por eso, se trata de un ejercicio que está bien hacer de vez en cuando, y si nos resulta difícil expresar lo que queremos, podemos empezar por lo que sabemos que no queremos ni necesitamos («no quiero que me griten», «no quiero que coarten mi libertad», etc.).

De esas necesidades nacen nuestros límites, ya que se trata de situaciones que representan barreras para nosotras y que sabemos que nos duelen. Aun así, muchas veces normalizamos que se sobrepasen estos límites. Por ejemplo, para mí, los límites relacionados con las necesidades anteriores serían:

- Que la otra persona me invalide deliberadamente o de manera constante.
- Que me griten, que rompan objetos a mi alrededor o que exista cualquier tipo de reacción violenta. Esto incluye tanto la violencia explícita como la actitud pasivo-agresiva a la hora de resolver conflictos.
- Que ridiculicen los problemas de salud mental o me hagan sentir que mi identidad está ligada a ellos.
- Que tengan comentarios o conductas racistas, machistas, LGTBQIA+fobas, capacitistas, clasistas o gordófobas de manera intencional o con cierta frecuencia, sin revisarse al respecto.
- Que falten al respeto a alguien que trabaja de cara al público, o a cualquier persona, sin revisarse después al respecto.

Una vez que se sobrepasan los límites, lo ideal es saber qué consecuencias tienen, tanto para nosotras como para la otra persona. A lo mejor, la consecuencia personal es que te enfadas o te hace sentir inseguridad o malestar, pero ¿cuál será la consecuencia para la otra parte? A veces no existe más consecuencia que proponer un acuerdo para que eso no vuelva a suceder. Otras veces nos tocará plantear un distanciamiento.

Elegir un camino u otro depende de varios factores. Por ejemplo, ¿es un límite que se había explicitado antes? La lectura de ciertas situaciones es distinta para cada persona: igual para mí es un límite clarísimo que te acuestes con otra persona después de nuestra primera cita, pero para ti no lo es, y en ese caso no entenderás mi reacción cuando yo te exprese mis emociones. También es importante saber si es un límite que, habiéndose comentado previamente, se ha roto en más ocasiones, y cuál ha sido la causa, porque a lo mejor es que el acuerdo que tenemos no funciona, o lo estamos viendo de manera distinta.

A la hora de comunicar límites surgen tres cuestiones, que nos servirán en realidad para plantear gran parte de la comunicación en las relaciones: ¿qué?, ¿cuándo? y ¿cómo?

- **¿Qué?** Cuáles son nuestros límites, qué consecuencias tienen, cuál es normalmente su flexibilidad...
- **¿Cuándo?** Aquí la cuestión es cuándo sacar este tema. Podemos plantearnos tratarlo en la primera cita o esperar unos meses. Pero, en mi opinión, el momento ideal para hablar sobre necesidades y límites es cuando se empiecen a crear expectativas en la relación, sean del tipo que sean.
- **¿Cómo?** Lo ideal es poder marcar los límites antes de que suceda ningún conflicto, de manera que la comunicación sea asertiva y no violenta. A veces descubrimos los límites después de haberse sobrepasado; en estos casos, una buena opción sería esperar unas horas o unos días para poder hablarlo desde la calma.

Para comunicar nuestros límites podemos usar esta pauta en tres etapas. En la primera explicamos el límite: «Mira, es que ahora mismo no puedo comprometerme a quedar todas las semanas porque tengo mucha carga de trabajo y mi energía social está bastante baja». Luego exponemos la consecuencia: «Esto significa que, aunque disfruto un montón del tiempo que pasamos juntas, luego llego a mi casa agotada». Y, por último, se ofrecen soluciones: «Por eso, tal vez podemos plantear hacer planes de calidad, pero un poco menos frecuentes, en vez de vernos tan a menudo».

Lo malo es que cuando planteamos un límite, lo hacemos real. Así pues, tendremos que reaccionar si se rompe, y muchas veces nos resulta más fácil gestionar con nosotras mismas el daño antes que permitir que afecte a nuestra relación. Sin embargo, esto, a largo plazo, es un error, ya que acabaremos completamente sobrecargadas y frustradas. En el ejemplo de Ana y María, igual si Ana hubiera puesto límites antes, María se habría ido antes, o quizás le hubiera ayudado a darse cuenta de que sus demandas estaban siendo excesivas y que tenía que trabajar sus inseguridades personales.

Por lo general, las personas que nos quieren intentan hacer lo posible por respetar nuestros límites. Cuando se van, es o bien porque no tienen herramientas para sobrellevarlo por lo que sea, o bien porque lo que les interesaba de la relación era precisamente la falta de límites.

Eso sí, no hay que confundir marcar consecuencias con castigar. Los castigos pretenden que la otra persona aprenda a través del dolor y el malestar («como estoy dolida, voy a hacer algo que sé que te duele, como dejar de contestar a tus llamadas durante días»). Por su parte, las consecuencias son resultados naturales de los actos de esa persona («estoy dolida y ahora no siento que quiera verte; te lo comunico para que lo sepas, pero es mi gestión»). Existe una línea fina pero importante entre estos dos términos.

Por eso, para construir relaciones desde los cimientos tenemos que plantar estas bases antes. Solo nosotras tenemos la capacidad para ello, porque con los esquemas de otra persona normalmente no funcionará. Para eso sirve conocernos: no para ser más fuertes, sino para saber cómo cuidarnos mejor y cómo construir espacios seguros a nuestro alrededor.

¿QUÉ ES UNA RELACIÓN SANA?

Lo básico que hay que saber es que no existe un solo tipo de relación sana. Las relaciones sanas son aquellas que se alinean con nuestros valores, que son coherentes con nuestra forma de entender el mundo y que nos hacen sentirnos libres para desarrollarnos.

Pero, aunque el amor puede adoptar muchas formas, estamos acostumbradas a vivir las relaciones como una cárcel. Aceptamos que perdemos cosas de nosotras mismas por estar ahí, cuando en realidad el amor debería ser una celebración de nuestra individualidad y de nuestras rarezas.

En las relaciones sanas sentimos una sensación de libertad individual, que muchas veces se traduce en entender que las personas que nos quieren lo seguirán haciendo a pesar de que tomemos decisiones con las que no están de acuerdo. Podemos cambiar de opinión, equivocarnos, no conseguir los objetivos que nos habíamos marcado, y aun así seguir contando con el apoyo de esa persona. Del mismo modo, nos sentiremos seguras y acompañadas si empezamos nuevos proyectos que no tienen nada que ver con la relación, o si decidimos cambiar el rumbo de nuestras vidas. Esto no significa que la otra persona vaya a estar ahí incondicionalmente, sino que no nos va a juzgar ni a causar un daño intencional, porque cuando quieres a alguien, deseas que esté bien, aunque sea sin ti.

Por eso, la libertad es un arma de doble filo. A veces nos sentimos más cómodas en relaciones que están rodeadas por una valla de pinchos, donde hay mucho control, donde todo es predecible y donde nada cambia. Solo si quitamos estas barreras, comprobaremos si el vínculo que existe es real o no.

Obviamente, los límites de esta libertad están condicionados por nuestros acuerdos en la relación y por el grado de compromiso que establezcamos. Pero en aspectos que no tienen que ver con la relación (como mis decisiones académicas o laborales, por ejemplo) sentiremos que tenemos el apoyo de la otra persona incluso aunque no tomemos la decisión que ella tomaría.

Por tanto, cuando hablamos de amor sano o de relaciones sanas, estamos haciendo referencia a las relaciones que nos ayudan a crecer a manera individual, que nos animan a pasar por nuestros propios procesos personales y que nos acompañan en caso de que nuestras decisiones no salgan bien. Es decir, no son aquellas que cumplen con las expectativas sociales de monogamia, convivencia, matrimonio y crianza, sino las que se forman basándose de manera realista en las necesidades y los límites de cada una de las partes. Por eso es tan importante entender cuáles son, porque no nos encontramos las relaciones sanas, sino que las construimos.

EJERCICIO: qué necesito, qué quiero, qué siento que tengo que hacer

Este ejercicio puede ser útil para comenzar a practicar el autoconocimiento emocional. Para ello, tendrás que dibujar tres columnas en un folio:

1. «¿Qué necesito?» Aquí voy a escribir cuáles son mis requisitos básicos en las relaciones en este momento de mi vida.
2. «¿Qué es lo que quiero?» En esta columna voy a apuntar aquellas cosas que me gustaría tener en mis relaciones, pero que no considero indispensables.
3. «¿Qué es lo que siento que debo hacer?» Por último, reflexionaremos sobre cuáles sentimos que son

nuestras «obligaciones» en las relaciones, aquello que sentimos que tenemos que hacer por los demás.

QUÉ NECESITO	QUÉ QUIERO	QUÉ SIENTO QUE TENGO QUE HACER
– Sentirme segura – Sentir que se respetan mis decisiones – Compartir los mismos valores – Que mi pareja sea una persona proactiva a la hora de proponer y hacer planes – Que a mi pareja le guste viajar – Que conectemos en el plano erótico	– Que mi pareja comparta mis mismos gustos musicales – Exclusividad romántica y sexual – Que mi pareja se lleve bien con todas mis amistades – Que mi pareja tenga expectativas de tener hijos en un futuro	– Ser honesta respecto a mis emociones con esa persona – Intentar cuidar a esa persona en la medida en lo posible – Estar ahí como punto de apoyo – Apoyar las decisiones de mi pareja – Llevarme bien con las amistades de mi pareja

Esta tabla nos permite evaluar las tres áreas y ver qué estamos buscando, qué queremos construir y si se adecua a lo que ya tenemos. Además, también nos indica si tendemos a tener muchas necesidades y a proyectar algunas demandas no del todo justas en nuestras parejas o si, por el contrario, nos cargamos con «deberías» que realmente nadie nos ha pedido y que nos suponen un esfuerzo desmedido en algunas ocasiones.

Resumen de los puntos clave

1. Los mensajes que nos envía la sociedad condicionan nuestra manera de vivir el amor y las relaciones.
2. El autoconocimiento es una herramienta que nos permite mirar en nuestro interior para saber cuáles son nuestras necesidades.
3. La validación consiste en alinearnos emocionalmente con la otra persona para que se sienta comprendida.
4. Los límites son sanos y útiles en las relaciones, siempre que se enfoquen desde los cuidados y no desde la restricción.
5. Las relaciones sanas no son las que cumplen con las expectativas sociales, sino las que son coherentes con nuestros valores y nuestra manera de entender el mundo.

2
DE LA TOXICIDAD A LA VIOLENCIA

Tanto en mi vida personal como a lo largo de los diez años que llevo ejerciendo de una manera u otra, primero en voluntariados, luego en prácticas y más tarde trabajando, no podría enumerar todas las veces que me he encontrado con casos de relaciones tóxicas. Cuando hablamos de «relaciones tóxicas», nos referimos a aquellas en las que, sin haber un deseo intencional de dañar o controlar a la otra persona, se dan dinámicas que causan malestar y cuestionamiento. La toxicidad nace de la falta de regulación emocional, no de una premeditación, pero aun así puede evolucionar rápidamente hacia un comportamiento más deliberado.

Una gran mayoría de las personas desarrollamos dinámicas de toxicidad, especialmente en nuestras primeras relaciones, y podemos acabar normalizando ciertas actitudes que, más tarde, pueden ir aumentando en intensidad y volverse intencionales, o bien tomar conciencia de estas actitudes y trabajar en ellas. La base de estas conductas pueden ser los mitos del amor romántico y la rigidez cognitiva, las inseguridades personales o el haber interiorizado patrones muy poco sanos con nuestros vínculos. Asimismo, el modo en que hemos socializado, nuestros referentes y nuestra historia de vida determinan cómo nos comportamos en nuestras relaciones.

Cuando hablamos de pasar de la toxicidad a la violencia, no nos referimos solo a que te den un golpe o a que te peguen un empujón, sino que existen muchos niveles y tipos de violencia antes de llegar a ese extremo, y muchas veces los asumimos como una parte natural de las relaciones. El objetivo de este capítulo es aprender a identificar esas situaciones.

Muchas veces consideramos locas o enfermas a aquellas personas que maltratan, violan y asesinan, a pesar de que no sea ese el caso en la mayoría de las ocasiones. Da la impresión de que llegan a esos extremos por arte de magia, cuando ese tipo de delitos son la punta de un iceberg de muchas dinámicas que es habitual vivir en nuestro círculo cercano. Así, nos sigue sorprendiendo que «siempre saludaba» o «era un tipo majo», porque nos esperamos encontrar monstruos detrás de las personas que cometen este tipo de actos. Nos cuesta entender que alguien a quien conocemos haya agredido a otra persona, y muchas veces lo defendemos a costa de la credibilidad de la víctima.

La realidad es que cualquiera puede ser tanto víctima como agresor, y muchas veces vamos alternando estos roles a lo largo de nuestra vida. En este caso, por supuesto, los estereotipos de género y otros tipos de opresiones importan, pero la violencia no es algo a lo que vivamos ajenos, sino que suele impregnar nuestras relaciones sin que nos demos cuenta.

Además, la violencia es radioactiva: deja secuelas mucho tiempo después de la explosión, y cuando todo parece en calma, en realidad seguimos sintiendo sus efectos. Nos acostumbramos a vivir con el dolor, con el miedo, con la desconfianza, hasta tal punto que parecen parte de nuestra vida, pero no lo son, y no nos hacen más fuertes, sino que tan solo nos lastran.

Por ese motivo, cuando hablamos de relaciones tóxicas, necesitamos hablar sobre relaciones de violencia, porque no puede convertirse en un eufemismo que normalice dinámicas de control, chantaje o humillación, y porque necesitamos perderle el miedo a ese término para poder ampliar su significado. Los golpes no son lo único que nos puede hacer daño.

¿QUÉ ES LA VIOLENCIA?

Los actos que están destinados a imponer una conducta determinada mediante la agresión son considerados violencia. Esta puede adoptar muchas formas y ser vivida de distintas maneras, pero, por lo general, tiene una base más emocional que racional y todas podemos ejercerla en nuestra vida sin ser conscientes de ello.

Existen muchos tipos de violencia y vamos a intentar hacer un análisis de los que se suelen dar de una manera más recurrente en las relaciones de pareja. Pero, para empezar, es importante dividirlos entre violencia explícita y violencia implícita.

La violencia explícita es aquella que es directamente visible. Puede ser una agresión física, como un puñetazo o un empujón, el acto de romper objetos, o aquellas conductas que ponen en riesgo la integridad física de la otra persona, como conducir a una velocidad excesiva con el fin de amedrentar a la otra persona con la posibilidad de un accidente.

La violencia implícita es más sibilina, menos visible y más difícil de detectar, pero no por ello su efecto es menor. Se basa en manipulaciones, chantajes y pequeñas humillaciones que están dirigidas a minar la autoestima de la otra persona.

Volviendo al símil de la radioactividad, la violencia explícita sería como una bomba que explota, mientras que la implícita sería como si hubiera una fuga en una central nuclear que fuera envenenándolo lentamente todo a su alrededor. Dentro del primer grupo, solemos identificar los actos violentos en mayor o menor medida cuando suceden. En gran parte, gracias a que la divulgación y las leyes que protegen a las víctimas de violencia de género nos han ayudado a conceptualizar muchas situaciones que estábamos viviendo, incluso en otros tipos de violencia, aunque a veces pecan un poco de poner demasiado el foco en la víctima y olvidarse de que el agresor es un factor importante para que se produzca la violencia.

La violencia de género es aquella que se inflige a la mujer en una relación heterosexual por cuestión de su género. Es decir, existen unas expectativas sociales sobre cómo tienen que comportarse las mujeres en las relaciones y se utilizan como base para justificar esta violencia («si tú no hicieras esto, no tendría que ponerme así»). Este mismo esquema lo vemos en otros tipos de violencia, como la infantil («lo hago para educarte»), la intragénero, que se da en parejas del mismo género y suele estar fuertemente basada en replicar ciertos mitos del amor romántico, o el acoso laboral o *mobbing*, en el que se utiliza muchas veces el término «profesionalidad» para establecer un baremo injusto con el fin de castigar a un trabajador determinado.

Por su parte, la violencia implícita tiene mucho que ver con lo que no se dice, con las faltas de responsabilidad afectiva, con la manipulación o con la personalidad pasivo-agresiva, y ahí muchas veces caemos completamente en la trampa. Sería también cuando alguien nos invalida constantemente. Por ejemplo, se da lo que llamamos efecto «luz de gas» o *gaslighting*, que recibe este nombre por una película de la época dorada de Hollywood en la que un marido intentaba hacer creer a su mujer que estaba loca. Encendía las luces de la casa y le decía que había sido ella, dejaba abierto el gas y le preguntaba si pretendía matarle... ese tipo de cosas. Por eso se empezó a popularizar el término para reconocer esas situaciones en las que alguien te niega una emoción o vivencia, sobre todo cuando es algo que se produce de manera constante o sobre un tema en concreto.

> David y Lola (nombres ficticios) eran una pareja que llevaba unos meses conociéndose. Ella notaba que cuando salían de fiesta, él bebía demasiado y siempre acababan teniendo algún conflicto por ese motivo. Sin embargo, cada vez que Lola intentaba sacar el tema, él tenía un supuesto motivo, como que era un día especial, o directamente le decía que eso no era verdad. A pesar de que ella lo había vivido en primera persona.
>
> Ese sería un caso típico de luz de gas, aunque también se puede dar en situaciones en las que una persona expresa una necesidad que siempre es ignorada, lo que a la larga hace que sienta que su necesidad no importa y acabe dejando de sacar el tema.

La conducta pasivo-agresiva es otra de las herramientas habituales dentro de la violencia implícita, al ser una manera de sacar conflictos sin asumir responsabilidades. Es como si «tiro la piedra y escondo la mano», lo que deja a la otra persona con la sensación de que no puede defenderse ante ese ataque o acusación. Se ve a menudo en situaciones que se hacen pasar como bromas, como decirle a alguien: «No se te vaya a olvidar esto, como la vez que se te olvidó venir a buscarme a la estación». Si es un conflicto que estaba hablado y resuelto previamente, no tiene por qué ser algo pasivo-agresivo, pero si es algo que pilla por sorpresa a la persona que lo recibe, puede causar malestar, culpa y tensión.

Así pues, existen muchas maneras de ejercer la violencia de manera indirecta. Además, al principio, la gran mayoría de quienes utilizan estas tácticas no son conscientes de ello, aunque pueden volverse intencionales cuando la persona detecta lo bien que le funcionan para conseguir lo que quiere.

Ese es el camino de la toxicidad a la violencia. Al principio todo surge de que una o ambas partes tienen carencias a la hora de gestionar sus emociones y llevan a cabo demandas de atención, cariño o jerarquía sobre los demás para intentar autorregularse. Pero, a la larga, estas dinámicas se hacen cada vez más conscientes e intencionales.

En muchos casos, ante estas demandas, la otra parte marcará límites o se irá. Pero ¿qué pasa cuando las acepta y las normaliza dentro de la relación? Pues pasa que, como funcionan, se empiezan a utilizar de manera intencional, y ahí nacen las dinámicas de violencia.

Puede ser que una persona, al principio de la relación, sienta inseguridad cuando su pareja sale de fiesta y por eso le pide constantemente que le mande fotos y mensajes. Envuelta en esa energía de la nueva relación, la otra parte puede considerarlo incluso «halagador» y ceder encantada a esta demanda. Sin embargo, puede ser que esta persona no tenga la costumbre de estar pendiente del móvil cuando sale de fiesta y que con el paso de las semanas disminuya la frecuencia con la que responde a esta demanda, aunque no tenga ningún problema con la relación. Entonces la otra persona puede sentir desinterés y correlacionar el «ya no responde a mi demanda» con un «ya no le gusto lo suficiente».

En ese punto, desde una gestión sana, lo ideal sería que la persona que siente inseguridad lo comunicase al día siguiente, o en un momento en el que lo haya podido procesar, y se intentase llegar a un acuerdo sobre este tema. Por ejemplo: «Entiendo que no puedes estar siempre pendiente del móvil y que eso no significa que no te importe, pero sí me gustaría que, si vas a dejar el móvil, te despidas antes y no dejes la conversación a medias». Es decir, hay una parte de gestión personal y otra de petición de cuidados.

Desde una gestión menos sana se puede optar por escribir un mensaje agresivo («ya noto que no te importo tanto, así que no hace falta que me vuelvas a escribir») o por tácticas más indirectas que están enfocadas a que la otra persona note el malestar, pero sin explicitar exactamente cuál es el problema. Si la respuesta de la persona que recibe este mensaje agresivo es marcar límites, probablemente la dinámica o la relación se termine ahí. Pero si esto hace que se sienta culpable, que ceda a estar siempre pendiente del móvil, y no hay negociación alguna, esta conducta se puede ir intensificando con el tiempo y convertirse poco a poco en un método de control intencional.

En este sentido encontramos técnicas de manipulación como el «castigo del silencio» o la «ley del hielo», que se da cuando, después de un conflicto o de algo que haya molestado, una de las personas retira la palabra a la otra con el objetivo de que se sienta responsable del daño causado. Sin embargo, el efecto en la persona que lo recibe suele ser más bien sentir que no existe cuando la otra persona está enfadada, lo que da una sensación de «amor condicionado»: solo me merezco tu atención cuando cumplo con tus normas. Este tipo de dinámicas buscan, en la mayoría de las ocasiones, que la parte receptora se cuestione qué ha hecho mal y lleve a cabo conductas reparativas o ceda ante ciertas demandas. El problema es que estas demandas no siempre son justas o se dan ante conflictos reales.

Por ejemplo, estamos comiendo y hablando de buen humor y de repente menciono que esta noche he quedado para salir con mis amigas. Te pregunto si te parece bien y respondes que sí, pero tu actitud cambia completamente desde ese momento. Respondes con monosílabos, terminas de comer rápido y te levantas sin decir nada más. Es lógico que piense que tú reacción tiene que ver con lo que he dicho, ¿no? Sin embargo, al no reconocer que existe un problema, siento que no puedo hablarlo, porque ya has dicho que te parece bien. Eso me deja dos opciones: cancelar mis planes con la esperanza de que eso vuelva a cambiar tu actitud para bien o continuar con mis planes y gestionar el malestar que me produce la situación. Lo complicada que sea la segunda opción depende mucho de las herramientas de gestión emocional con las que contemos; cuando estas no están del todo desarrolladas, podemos acabar responsabilizándonos excesivamente de las emociones ajenas y cediendo constantemente en este tipo de situaciones.

Por eso, lo ideal es tratar de interiorizar que si alguien tiene un problema y le importa solucionarlo, lo comunicará. De lo contrario, no existe ningún problema que solucionar. Y es que vivir pensando lo contrario nos provoca estar siempre hiperalerta del estado de ánimo del resto de personas.

Dentro de la violencia implícita encontramos, a su vez, actitudes que provocan que nos sintamos inferiores. Pueden ser comparaciones con otras personas («pues mi exnovia esto lo hacía mucho mejor»), cuestionamientos de juicio («¿de verdad vas a aceptar ese trabajo?»), conductas paternalistas («cuando llegues a mi edad, ya entenderás que lo que estás haciendo es una tontería») o chantajes como el ultimátum («o haces esto, o se acabó nuestra relación»), y pueden darse en distintos ámbitos.

En resumen, existen conductas implícitas y explícitas que se consideran violencia y que podemos vivir en cualquier ámbito de nuestra vida. Estas serían algunas de que se dan más a menudo en nuestras relaciones de intimidad:

- **Violencia estética.** Se da cuando una persona no cumple con los cánones de belleza preestablecidos por la sociedad. Se expresa muchas veces en forma de gordofobia o de idealización de algunos rasgos físicos determinados. Puede ir desde comentarios negativos acerca del físico hasta la imposición de dietas o pautas de deporte con el fin de que la persona alcance un físico determinado. Consiste en pensar que algunas características, como no llevar tatuajes o tener el pelo de cierto color, son más válidas, y castigar las conductas que se salgan de la norma.

- **Violencia económica.** Cuando una de las partes de la relación tiene más poder en el ámbito económico, se puede producir este tipo de violencia. Se expresa normalmente exigiendo algo a cambio del dinero que esa persona gasta en la relación («te he invitado a cenar, así que lo mínimo que puedes hacer es ofrecerme tomar una copa en tu casa, ¿no?»), o mediante el control de los gastos de manera exhaustiva («solo te voy a dar dinero para los gastos mínimos, no para que puedas tener privacidad o libertad»).

- **Violencia sexual.** Se produce cuando se amenaza o viola el derecho de alguien a decidir sobre su sexualidad. En relaciones de pareja es más común de lo que pensamos, ya que existe una cultura que establece que el fin último de las relaciones «de verdad» es la procreación, por lo que tener relaciones sexuales con penetración se convierte en un objetivo principal que a veces se vuelve un modo de control, ya sea porque se convierte en una obligación o porque no existe realmente un consentimiento explícito al respecto.

- **Violencia reproductiva.** Se da cuando una persona intenta controlar las decisiones reproductivas de otra con el fin de controlar su vida. Por ejemplo, puede darse al forzar un embarazo, al prohibir un aborto o, por el contrario, al forzar el fin del embarazo en contra de los deseos de la madre.

- **Violencia simbólica.** Es aquella que recoge estereotipos, mensajes, valores o signos que transmiten y favorecen el hecho de que se repitan relaciones basadas en la desigualdad. Es decir, cuando se da por hecho que alguien tiene un rol determinado en la relación por su género, color de piel, orientación sexual, gustos eróticos, aspecto físico, etc.

Aparte nos encontramos con la violencia física que, por suerte, parece que cada vez reconocemos mejor, aunque sin duda falta mucho para que seamos capaces de ver la parte oculta del iceberg de la violencia en su magnitud, ya que la gran mayoría de las conductas agresivas «de bajo nivel» se encuentran perfectamente normalizadas socialmente. Este es uno de los motivos por los que el ciclo de la violencia pasa en muchas ocasiones desapercibido hasta que alcanza cotas muy altas, ya que al principio consideramos, en cierto modo, románticas algunas conductas agresivas o de control, las vemos como un indicador de que la otra persona tiene interés en nosotras y lo vamos dejando pasar, aunque sintamos cierta incomodidad. Al final, esto explota en un conflicto mayor que no podemos ignorar, como una agresión más directa. Sin embargo, más adelante, la otra persona pide disculpas o se soluciona la situación de algún modo, y se vuelve al mismo punto de antes, sin cambiar ni negociar nada. Esto provoca que cada vez aceptemos agresiones más graves y entremos una y otra vez en el mismo bucle:

1. Fase de luna de miel: estamos genial y todo queda en el pasado.
2. Fase de acumulación: van sucediendo esas pequeñas cosas que nos incomodan, pero que dejamos pasar.
3. Fase de explosión: percibimos la violencia en toda su intensidad.

Este ciclo puede durar semanas, días o incluso horas, pero suele intensificarse y agravarse a medida que la relación avanza, ya que el agresor o agresora siente impunidad. Haga lo que haga, la relación vuelve siempre al mismo punto, y su nivel de peligro máximo se da cuando se rompe esa impunidad. Por eso, casi la mitad de los asesinatos por violencia de género se dan cuando las víctimas están en proceso de separarse de su agresor, porque antes, todos los cambios de «ahora lo voy a hacer bien» iban dirigidos a que la otra persona se mantuviera en la relación, pero cuando esto no sucede, el agresor se frustra y pueden darse las cotas más altas de violencia.

¿CÓMO ES ALGUIEN QUE AGREDE?

No todos los agresores son iguales. No existe un perfil general de persona que ejerce la violencia en sus relaciones. Algunas personas son agresivas de manera explosiva contra cualquiera que esté delante en ese momento, mientras que otras eligen muy bien a sus víctimas. Sin embargo, todas son peligrosas. A continuación, vamos a intentar desgranar los principios de la conducta violenta.

Para muchos psicólogos, la violencia es una respuesta reactiva, de tipo emocional, ante una situación que el individuo percibe como injusta para él. Para otros psicólogos es un mecanismo de control que intenta establecer una jerarquía en una relación. Probablemente ambas teorías sean ciertas, aunque el consenso general es que se trata de una conducta multicausal y es necesario abordarla como tal.

Cuando realicé mi trabajo de fin de máster, tuve la suerte de poder colaborar con la Fiscalía de Menores de Salamanca, que hace un trabajo excelente. Esta entidad me permitió realizar un miniestudio sobre los factores que llevaban a los menores encausados por delitos violentos a cometerlos. En los resultados se podían ver dos grandes grupos, que se corresponden bastante con las investigaciones que ya existen al respecto.

Por un lado, estaban los chavales que cometían delitos como hurtos, robos o lesiones. Solían provenir de ambientes poco estructurados, en los que nunca habían tenido muchos límites. La mayoría de ellos habían comenzado muy jóvenes con las actividades delincuenciales y con el consumo de sustancias como el cannabis, por lo que la mayoría eran reincidentes con quince o dieciséis años.

Por otro lado, estaban los menores encausados por delitos como la violencia filioparental, que es la que se dirige hacia los progenitores. Dentro de este grupo, una gran mayoría provenía de ambientes familiares muy estructurados, incluso con un nivel socioeconómico elevado en algunos casos, y no habían mostrado ningún signo de agresividad o de rebeldía hasta que comenzaron las conductas disruptivas en el hogar. Una característica que se repetía con frecuencia era que se habían visto privados de su libertad para disfrutar de diferentes etapas madurativas, ya fuera porque estaban muy sobreprotegidos, porque se mudaban habitualmente y nunca podían tener grupos de amistades estables, porque estaban diagnosticados con trastorno por déficit de atención e hiperactividad (TDHA) y medicados desde muy jóvenes, y su autorregulación dependía de los psicofármacos, etc. Esto provocaba que, una vez que desaparecía esta barrera por el motivo que fuera, su comportamiento comenzaba a cambiar. A veces tenían reacciones muy violentas y muy impulsivas ante cosas «pequeñas», lo que puede darnos una pista sobre una de las causas más habituales de la conducta agresiva: la falta de autorregulación.

Cuando alguien no ha aprendido a calmarse en situaciones frustrantes o estresantes, es habitual que se impaciente y acabe explotando de manera más o menos agresiva. Esto se puede ver en los bebés de dos años, que tienen unas pataletas terribles porque están aprendiendo por primera vez a enfrentarse a ese estrés y a esa frustración del «ahora no». Cuando los cuidadores no acompañan a estos niños en sus procesos de regulación, ni en estas etapas ni más adelante, acaban desarrollando herramientas para calmarse que no siempre son del todo adaptativas. Por ejemplo, el típico balanceo adelante y atrás es típico en niños que han tenido que aprender a calmarse solos cuando eran pequeños.

Otra manera que tenemos para «relajarnos» en esas situaciones es la represión. Es curioso cómo precisamente a las personas socializadas como hombres es, por lo general, a quienes más se les enseña a reprimir sus emociones. Frases como «los chicos no lloran» o «tienes que portarte como un hombre» provocan que muchos niños sientan que cuando les duele o les afecta algo, lo que tienen que hacer es callarse, y esto lleva al segundo paso dentro de esta dinámica, que es la explosión. Cuando reprimimos algo, siempre acaba saliendo por otro lado, y cuando nos negamos nuestras emociones, muchas veces explotan en forma de enfado y de malestar contra las personas de nuestro alrededor. De ahí nacen muchas conductas agresivas. Esto puede explicar, en cierta medida, por qué los hombres son, estadísticamente, quienes más delitos violentos cometen, y también los que tienen más posibilidades de morir por un conflicto violento.

El hecho de que gran parte de esta violencia se traslade a las mujeres también tiene un origen social. En el seno del patriarcado, los roles están muy definidos, y eso genera una expectativa en muchos hombres de cómo «deben ser» las mujeres. Cuando la realidad no se adecúa a su expectativa, y ante la falta de otras herramientas de gestión, esa frustración se puede traducir en conductas violentas o de control para establecer una jerarquía que creen necesaria.

Después de cursar el máster estuve investigando sobre los factores de personalidad en distintas cárceles de España, y tuve la oportunidad de conocer a muchos presos que confirmaron estas teorías. De hecho, muchos de ellos no eran conscientes de la gravedad de sus delitos porque seguían manteniendo ese mismo pensamiento patriarcal. Otros eran un poco más retorcidos y buscaban causas en principio mejor adaptadas socialmente para justificarse; por ejemplo, llegué a escuchar: «Bueno, encerré a mi novia en casa durante meses, pero es porque las mujeres lo tenéis muy difícil y quería protegerla». Y otros, simplemente, nunca habían tenido la oportunidad de aprender a relacionarse de una manera no violenta, y la agresividad era tan natural para ellos como extraña la idea de desprenderse de ella.

En resumen, podríamos clasificar a los agresores en dos grandes tipos, dentro de los que luego encontramos distintas categorías.

a. **Agresores organizados.** Son capaces de mantener la calma en situaciones en las que usan la violencia. Normalmente, esta suele ser un instrumento para conseguir un fin, como control o poder. Además, pueden ser encantadores en otros ámbitos y dirigir sus conductas agresivas solo hacia quien elijan. Dentro de este grupo podemos encontrar distintas categorías.

- **El narcisista.** Su ego lo es todo. Hará todo lo que pueda para estar por encima de ti. Es probable que al principio te cubra de halagos y regalos (*love bombing*), que irán desapareciendo progresivamente a medida que avance la relación y crezcan las demandas y las quejas por su parte. Siempre tiene una respuesta preparada y es capaz de darle la vuelta a su favor a cualquier situación. Suele ejercer mucho maltrato psicológico y sus acciones están destinadas a personas a las que sabe que puede controlar; con el resto se mostrará encantador y, probablemente, se ponga en el papel de la víctima en los conflictos.

- **El ambivalente.** Estos agresores fluctúan entre dos extremos: o te escriben todos los días y tienen unos detalles preciosos, o no dan señales de vida durante semanas. Esto se traslada también al plano romántico: un día te pueden definir como su pareja, pero si tú lo haces más adelante, te dirán que no lo sois. El peligro está en que suelen establecer una doble vara de medir: «Como no somos pareja, yo puedo hacer lo que quiera, pero como sí lo somos, me voy a enfadar si tú lo haces». Usan mucha violencia psicológica y pueden llegar a usar la violencia sexual también como una forma de control.

- **El caballero.** De primeras nada hace sospechar lo que se esconde detrás. Se suele tratar de una persona culta y deconstruida. A menudo utiliza el lenguaje de género con fluidez, y también puede ser partícipe en la lucha contra otras opresiones. Sin embargo, se excusa en sus problemas personales y su inseguridad para controlar y ejercer dominio sobre sus parejas. Normalmente, las dinámicas empiezan de manera bastante sutil y van volviéndose más agresivas con el paso del tiempo. Puede pedir perdón después de actos de violencia y parecer realmente arrepentido, pero al cabo de unos días, semanas o meses, la situación se vuelve a repetir. Suele ejercer mucha violencia implícita y ser extremadamente agresivo cuando explota.

b. **Agresores no organizados.** Sus conductas violentas son más explosivas, y pueden tener problemas en varios ámbitos de sus vidas debido a ellas. Suele existir muy poca conciencia sobre el efecto que provocan sus acciones, y bastante impulsividad. Los principales tipos de agresores no organizados serían los siguientes:

- **El machista clásico.** Hace chistes sobre tetas y culos, pasa desnudos en su grupo de amigos, reconoce con orgullo que alguna vez ha ido de prostitutas... Lo que ves es lo que hay, no va a cambiar. Probablemente, busca a una mujer que le limpie y le cocine, y con la que tener sexo una vez a la semana. No aspira a más, y las demandas de cuidados o de cariño consiguen que se enfade y se agobie. Es probable que utilice la violencia simbólica, que no tenga herramientas de comunicación no violenta y que pueda llegar a agredir físicamente en alguna ocasión, sin entender después que eso pueda tener consecuencias en su vida.
- **El protector.** Se muestra como alguien muy cuidador y a quien le preocupa mucho tu bienestar y tu seguridad. El problema es que la línea entre la protección y el control acaba siendo muy fina. Este perfil puede acabar coartando tu libertad a la hora de salir, de vestir o de hablar con quien quieras. Con el tiempo puede mostrar explosiones de ira cuando no cedas a sus «cuidados», como irte a buscar al trabajo todos los días y hacerse la víctima constantemente, ya que siente que es quien más se esfuerza en la relación y que la otra persona no está a su mismo nivel de compromiso. En el resto de sus relaciones es el rey del victimismo. Puede tener rasgos de organizado y desorganizado, ya que muchas veces es similar al «caballero».
- **El adicto.** Los trastornos del control de impulsos pueden llegar a dominar la vida de una persona, y esto es lo que sucede en muchos casos de adicción. En algunas ocasiones nos encontramos con relaciones que eran sa-

nas hasta que entra en juego la adicción. En otras, la adicción pasa desapercibida hasta que llega a un punto en el que ya es muy grave. Y también existen casos en los que conocemos la situación desde un principio y aun así nos metemos de cabeza. Por supuesto, no todas las personas que tienen problemas de adicciones agreden en sus relaciones, pero sin duda es un factor que facilita que se produzcan situaciones de violencia, normalmente muy explosiva. El adicto también juega mucho con la culpa y las peticiones de cuidado falsas (pedirte que me cuides es una excusa para mantenerte aquí porque realmente no quiero cambiar).

Esta lista es una ejemplificación muy general de los distintos tipos de agresores, y pueden darse rasgos de varios tipos a la vez, especialmente del «adicto» con cualquiera de los otros. La peligrosidad de una persona que agrede no depende de su tipo, sino que todos los tipos pueden causarnos sentimientos de culpa e inseguridades en el mejor de los casos, y ejercer la violencia física o sexual de manera recurrente en el peor de ellos.

Como hemos visto, existen muchas maneras distintas de ejercer violencia en las relaciones, así como muchas causas que la motivan. Aunque existe un bagaje social en la tendencia a agredir, este no es al cien por cien determinante; por eso los factores personales son especialmente relevantes.

Aunque esto pueda parecer un cliché, muchas personas que agreden han sido víctimas de violencia en algún momento de su vida. Esto puede provocar que o bien sea el modo en que han aprendido a manejarse en las relaciones, o bien que les haya dejado en un estado de defensa perpetua, en el que reaccionan con violencia cuando se sienten atacadas.

También las situaciones de duelo, las traiciones en relaciones anteriores o el malestar psicológico pueden afectar a la hora de mostrarnos más irritables y de llegar a desarrollar conductas violentas. Una vez más, cuando carecemos de herramientas de autorregulación, la situación puede acabar explotando por un lado u otro.

Asimismo, existe un grupo mínimo de agresores que tiene patologías como la psicopatía o la sociopatía; estas se caracterizan por una falta de regulación moral hacia las emociones de los demás (en el primer caso) o hacia las normas sociales (en el segundo). Si bien es cierto que muchas de estas personas viven de manera funcional en nuestra sociedad, son una minoría, y la representación mediática que tienen hace que se sobreestimen sus capacidades de manipulación.

Por último, existen diagnósticos como la depresión, algunos cuadros de ansiedad o algunos trastornos de la personalidad, como el límite, que cursan con síntomas como el miedo al abandono, la impulsividad y la tendencia a consumir sustancias psicoactivas, lo que puede ser una bomba a la hora de desarrollar conductas de agresión.

Por supuesto, en cualquier caso, todo depende de la gestión que cada persona haga de su salud mental. Es un mito que las personas que tienen problemas de este tipo agredan en mayor medida. Más bien, sus explosiones suelen ser más visibles y más juzgadas en el ámbito social. Así pues, en realidad, todas las personas podemos desarrollar conductas de violencia en nuestras relaciones. Existen factores de riesgo social y asociados a la trayectoria vital, y también factores que facilitan estas conductas, como el consumo de sustancias, la represión emocional o la presencia de un entorno que normaliza la violencia.

¿CÓMO ES ALGUIEN QUE ES VÍCTIMA DE VIOLENCIA?

A la hora de analizar cómo es una persona víctima de violencia nos encontramos un poco en la misma situación que antes: cualquiera puede serlo. Existen factores sociales y de la trayectoria vital que influyen, pero no podemos decir que sean la causa de que se vivan situaciones de violencia. Hay una parte de azar importante que no debemos olvidar.

En lo relativo a los factores sociales es fundamental hablar, una vez más, del género y otras opresiones culturales, ya que crean estructuras en que los niveles bajos de violencia pasan desapercibidos, y crean un camino libre de obstáculos para que las conductas más graves acaben surgiendo inevitablemente. Dentro del sistema patriarcal en el que vivimos se ha consentido durante años el hecho de que a las mujeres se nos use como un accesorio en las vidas de los hombres, lo que les ha hecho pensar que tienen poder sobre nuestro cuerpo y nuestras decisiones. Además, se asocia la masculinidad con la idea de conseguir la «mejor mujer posible», por lo que muchos hombres intentan controlar a sus parejas como una forma de controlar su propia imagen social.

Del mismo modo, la sexualidad desempeña un papel fundamental en estas fantasías de poder, por lo que la violencia sexual forma parte de nuestra cultura de una manera muy poco sutil, ya que se da por hecho que en todas las relaciones tienen que existir los encuentros sexuales, se glorifica a los agresores sexuales y se sigue defendiendo el acoso callejero. Así, las mujeres estamos más acostumbradas a defendernos de estas situaciones que a esperar que cesen en algún momento.

Nos han educado para pensar que «los hombres son así» y que no podemos hacer otra cosa que aprender a adaptarnos a las situaciones de la mejor manera que podamos. La consecuencia directa de esto es que normalizamos y justificamos todo aquello que nos daña, porque no consideramos que la otra persona tenga la capacidad de gestión suficiente como para hacerse cargo de sus conductas.

Esto no quiere decir que solo exista violencia en las relaciones heterosexuales. Por desgracia, las mujeres y las personas no binarias también pueden acabar adoptando roles de violencia en las relaciones, ya que los privilegios tienen que ver con otras cuestiones aparte del género.

Yo definiría esta situación como «a quién van a mirar mejor cuando vaya al banco a pedir algo». Si voy yo, que soy una mujer blanca occidental de mediana edad con independencia económica, probablemente me miren mejor que si va un hombre racializado y mayor que está sin empleo. Y los privilegios definen muchas más cosas de las que pensamos: definen los recursos que tenemos, la educación que hemos recibido, las oportunidades académicas y laborales a las que podemos acceder, y también cómo van a ser nuestros sistemas de protección y apoyo social. Influyen en nuestra probabilidad de ser víctimas de un delito de violencia, ya que si, por ejemplo, soy una persona sin recursos que vive en entornos delincuenciales para sobrevivir, tengo más probabilidades de ser violentada y carecer de recursos para defenderme que si soy un joven blanco que vive en un barrio residencial.

Además, también es importante el modo en que se afronta esta violencia. Esto es fundamental en un posible diagnóstico de estrés postraumático, ya que los síntomas pueden ser mucho más intensos en pacientes que han sufrido violencia moderada que nunca ha sido reconocida y, por tanto, no han recibido ningún apoyo, que en situaciones en que la violencia ha sido grave, pero la actuación, la validación y el apoyo han sido inmediatos.

Por eso, saber en qué lugar estamos del plano social nos ayuda también a saber qué tipo de espacios de seguridad podemos crear, qué cosas damos por básicas pero no lo son (como poder ir al hospital o a la policía) y dónde tiene que empezar nuestro sistema de protección. Cuando este sistema es inexistente (por ejemplo, si vivimos en una familia muy distante emocionalmente, carecemos de figuras de apego cercanas o no tenemos demasiada relación con otras personas), somos más susceptibles de poder entrar en dinámicas de violencia en las que poco a poco vamos cediendo en nuestros derechos y necesidades. ¿Por qué? Porque en algunas ocasiones, como hemos visto, la violencia no es evidente, sino que está escondida, y cuando no podemos compartir con nadie lo que estamos viviendo, es menos probable que seamos conscientes de la gravedad de las señales.

Del mismo modo, haber sido víctima o testigo en el pasado de situaciones de violencia puede provocar que tengamos normalizadas ciertas señales de alerta que ignoramos en nuestras relaciones. Por ejemplo, si mis padres siempre se estaban gritando y rompiendo objetos de la casa, puedo ver eso como algo normal dentro de una discusión de pareja y no como algo violento.

En resumen, la posición social que ocupamos, nuestra red de apoyo y nuestra historia de vida pueden ser factores de protección o de riesgo a la hora de ser víctimas de violencia en nuestras relaciones.

Otra clave para entender cómo acabamos normalizando y justificando las agresiones de personas a las que queremos son las conductas de complacencia y la falta de límites en nuestras relaciones. Por ejemplo, quizá yo sea una persona que hasta ahora ha tenido relaciones bastante sanas, que tiene una buena relación con su familia y que no siente que su salud mental esté afectada de ningún modo. Resulta que comienzo una relación con alguien que ejerce mucha violencia implícita sobre mí. Como nunca he vivido una situación así, puedo carecer de herramientas para detectar o defenderme de eso, y pensar: «Bueno, a mí no me importa ceder en esto si así esta persona se va a encontrar mejor». Pero eso sucede una vez, y otra, y otra, hasta que al final incluso anticipamos las demandas de la otra persona y nos coartamos a la hora de hacer cosas que pensamos que le pueden llegar a afectar.

Por el contrario, quienes sí han vivido situaciones de violencia en el pasado, ya sea en el entorno familiar, o bien acoso escolar o agresiones en otras relaciones, pueden desarrollar a la vez una alta tolerancia a la violencia, pero también una reactividad muy intensa ante ciertos elementos. Es decir, pueden ser personas que normalizan o justifican conductas como el juego celoso, las manipulaciones, los chantajes o la falta de responsabilidad afectiva, pero que reaccionan de manera desmedida ante situaciones que son desencadenantes para ellas o ante la acumulación de pequeñas cosas, lo que los lleva después a estados de culpa en los que ceden nuevamente a las demandas de la otra persona, como autocastigo por haber reaccionado mal. El problema es que esta dinámica invalida poco a poco los problemas reales de la relación, y el foco se centra en las formas en vez de en el mensaje. Esto supone, además, un conflicto con la idea que tenemos de víctima como persona completamente sumisa que «no se merece» para nada lo que le está pasando, ya que muchas personas en situaciones de violencia piensan que «sí se lo merecen» porque de vez en cuando reaccionan de manera desproporcionada.

Esos autocastigos no se dan solo por falta de autorregulación, sino también por cualquier circunstancia que genere cierta culpa. Por ejemplo, conozco el caso de una chica que, durante los primeros meses de relación, cuando los acuerdos de exclusividad todavía no estaban muy claros, mantuvo relaciones sexuales con varias personas aparte de la que después sería su pareja «oficial». Este hecho se utilizó durante casi tres años de relación para que ella se mantuviera bajo el control absoluto de su pareja, aguantando cosas que la dañaban, como faltas de honestidad, conductas de control, que la dejara de hablar sin ningún motivo aparente, o insultos y vejaciones por parte de su pareja. Era la teoría de «como tú has hecho esto, ahora no me puedes decir nada por esto otro». Con el tiempo, estas agresiones fueron a más y llegó un punto en el que ella decidió cortar la relación, no sin antes perder gran parte de su autoestima y su libertad por el camino. Al final, cuando alguien no te puede perdonar algo, se va. Cuando se queda para echártelo en cara, es que le interesa tener ese «as» en la relación que puede sacar cuando le interese.

Por eso la culpa es un elemento fundamental a la hora de analizar la psicología de las víctimas de violencia en las relaciones, porque consigue que nos quedemos y que pensemos que realmente no somos dignas de que nos traten con amor, que nos merecemos lo que nos pasa y que, como no somos perfectas y de vez en cuando hemos hecho cosas mal, estamos llevando a la otra persona a que nos trate fatal.

Aquí nos encontramos con dos partes importantes para analizar: primero, el correlato de qué es ser una «víctima» y, segundo, la expectativa de que las relaciones sanas son aquellas en las que la otra persona nos cuida incondicionalmente.

Eso de que la víctima es una persona que recibe las agresiones de una manera sumisa y nunca reacciona a ellas no siempre es cierto. Muchas veces, solo se llega a este punto de reacción cuando sentimos «indefensión aprendida», un término que designa que la persona siente que no puede hacer nada para cambiar la situación y, por tanto, se disocia durante los episodios de agresión para mantenerse neutral. En otro tipo de estados es lógico que reaccionemos, o que no tengamos una gestión emocional perfecta; esto no nos hace merecer que otras personas nos castiguen por ello. Si a alguien le ha causado demasiado malestar nuestro comportamiento, tiene derecho a irse de nuestra vida, pero no a quedarse con el fin de usar eso como justificación de su propio comportamiento. Además, podemos ser víctimas en algunas relaciones y agredir en otras, como una forma de restaurar nuestro poder y también a causa de los problemas de autorregulación que provocan estas situaciones.

Por otro lado, respecto a la expectativa de que las relaciones sanas son aquellas en que la otra persona nos cuida incondicionalmente, resulta que queremos ser un punto de apoyo en muchas ocasiones para personas que tienen problemas en su vida. Sin embargo, adoptar ese rol supone cargarnos con toda la responsabilidad de las emociones de la otra persona, y en muy pocas ocasiones conseguimos cambios reales. Por eso, hay que asumir que las relaciones sanas son, en realidad, aquellas que son espacios seguros para que cada persona pueda llevar a cabo su proceso personal de enfrentarse a conflictos y a traumas. Aquellas en que las discusiones no provocan que una de las dos personas acabe con una crisis de culpa y cuestionamiento, sino aquellas en las que se proponen soluciones y se trata de empatizar con la otra parte. Para que sea una relación sana, ambas personas tienen que trabajar tanto en sí mismas como en la relación; si una de esas partes falla, la otra acabará acumulando demasiada carga.

Cuando nos hemos acostumbrado desde pequeñas a asumir las responsabilidades ajenas, en muchas ocasiones porque nuestros padres carecían de herramientas para hacerse cargo de sus propias emociones, entrar en esas dinámicas de cuidar de otras personas por encima de nuestras propias necesidades nos puede resultar tan natural como respirar. Ese es el motivo de que muchas veces no seamos conscientes de la violencia que vivimos hasta que alcanza cotas muy altas. Y en ese momento nos sentiremos tan desbordadas por la situación que lo habitual será tratar de seguir normalizándola antes de reaccionar, porque, una vez más, entran en juego la culpa y el pensamiento de «si yo fuera una buena cuidadora, esta persona no se comportaría así».

Por ese motivo es tan importante la conexión con nuestra red afectiva, porque nos permite tener distintas perspectivas de estas situaciones. Debido a ello, es una de las primeras cosas que solemos perder en las relaciones de violencia, ya no porque la persona agresora nos lo pida directamente (en muchos casos no es así), sino porque esas relaciones nos exigen tanto tiempo de gestión y de esfuerzo que no nos suele quedar mucha más energía para nada más.

De hecho, hasta que no aprendemos que el amor no consiste en elegir a alguien y adaptarlo a nuestras expectativas, o en adaptarnos nosotras a las expectativas de la otra persona, solemos sentirnos muy frustradas. Además, dejamos que nuestra vida se guíe por esas relaciones, en vez de permitirnos hacer un proceso individual de crecimiento. Y cuando nos pasamos la vida intentando reparar a personas «rotas», podemos ser nosotras las que acabemos hechas pedazos.

Igualmente, después de vivir relaciones de violencia, podemos encontrarnos también con vivencias de revictimización. Esto se da cuando otras personas cuestionan nuestra experiencia o nos culpan de ella. Lo podemos vivir con las amistades que deciden apoyar a nuestro agresor, con la policía a la que vamos a poner la denuncia o con nuestra tía cuando le contamos lo que ha pasado y nos dice que «bueno, siempre hemos tenido mucho carácter, así que no me extraña». La revictimización causa un gran cuestionamiento personal y una especie de «síndrome de la impostora», porque no tienes claro si realmente has vivido lo que sabes que has vivido o estás exagerando. Por este motivo es tan importante no cuestionar las experiencias de personas que han sufrido violencia, porque muchas veces llevan a que la víctima no pueda procesar el trauma, a que se culpe aún más a sí misma o a que no continúe con los procesos legales que podrían protegerla.

En resumen, podríamos decir que los criterios para ser víctima de una situación de violencia tienen que ver con el nivel de agresiones que estamos acostumbradas o dispuestas a tolerar, con que existan unas expectativas muy determinadas sobre nuestro rol en las relaciones, en las que damos por hecho que ser nosotras mismas es algo negativo, y también con factores culturales que permitan a otras personas establecer una jerarquía con respecto a nosotras.

SALIR DE UNA RELACIÓN DE VIOLENCIA

A la hora de terminar con este tipo de dinámicas, nos encontramos con varias barreras. Por un lado, ser capaces de reconocer algunas conductas como violentas y ser honestas con nosotras mismas sobre cómo nos hacen sentir puede parecer fácil, pero se complica bastante en la práctica, aunque tengamos clara la teoría. Por otro lado, dependiendo del nivel de implicación en la relación, romper con ella no supone solo alejarte de tu agresor, sino quizás también de otras cosas que te importan, como una casa, una mascota, hijos en común o un trabajo que te gusta. Esto complica bastante las cosas y facilita que estas relaciones perduren en el tiempo. Asimismo, otra barrera es nuestra educación previa respecto a cómo debe ser la escalera social; por ejemplo, podemos sentir que es nuestra última oportunidad para casarnos o quedarnos embarazadas, así que aguantamos para conseguir ese objetivo.

Para poder alejarnos de estas situaciones, es vital que tengamos en cuenta tres pasos: preparación, apoyo y mantenimiento.

Durante la preparación nos haremos cargo de todos los cabos sueltos que podríamos dejar sin resolver si nos vamos de repente. Podemos comprarnos un móvil nuevo, cambiar la dirección de la veterinaria de nuestras mascotas o ir buscando otra casa donde mudarnos. Las mayores barreras en esta etapa son el miedo y la culpa, ya que es probable que todavía sigamos un poco enganchadas a la dinámica de la violencia y esperemos ese gran cambio final. A la vez, nos estamos preparando por si acaso no se da, y eso nos hace sentir que ya no creemos lo suficiente en la relación. Sin embargo, ya existe una llama de independencia que nos exige seguir adelante con estos preparativos.

En segundo lugar, tenemos que asumir que es probable que no podamos lidiar con ello solas. ¿A quién podemos recurrir en busca de apoyo? A familiares, a amistades o incluso a compañeros de trabajo que creamos que nos pueden echar una mano en cosas específicas, como acompañarnos a la hora de hacer la mudanza, o que pueden estar ahí como apoyo emocional. En esta etapa nos enfocaremos en crear la red de seguridad que nos sostenga más adelante. Nos tocará ser honestas con las personas cercanas sobre nuestra situación real, dejar la vergüenza a un lado y pedir ayuda abiertamente. Además, en este caso, la vergüenza desempeñará un papel importante, ya que tememos que nos juzguen o que piensen que nos merecemos esa situación. Además, puede ser que nos dé miedo también que estas personas hagan algo que nos ponga aún más en riesgo, como hablar con nuestro agresor.

Por último, lo más complicado es mantener distancia, ya que la otra persona, al notar que pierde el control, puede optar por hacer ver que ha cambiado radicalmente su actitud, y si esto no funciona, puede volverse más violenta y vivirse momentos de máximo peligro. Por eso es importante el contacto cero en la medida de lo posible, así como intentar buscar distintas actividades que nos puedan ayudar a estar entretenidas durante el período de duelo.

Aun así, abandonar estas relaciones nos puede llevar varios intentos, porque, al final, los agresores no son monstruos y siempre acabamos viendo su parte más humana en estas situaciones. Por ello, trabajar en nosotras mismas durante esta etapa en la que ya nos lo estamos planteando nos puede ser útil a la hora de dar el paso con más seguridad.

Como recursos adicionales podemos recurrir a servicios de ayuda como el 016, en caso de ser víctimas de violencia de género, o bien ir a centros especializados, o bien buscar ayuda profesional individual que nos pueda acompañar y dar herramientas durante todo el proceso.

Lo que ocurre después de estas situaciones también puede resultar complicado, ya que necesitamos recolocar el afecto, deconstruir jerarquías y perdonarnos muchas cosas a nosotras mismas para poder avanzar. Por eso, la mochila emocional y el autoconocimiento es el tema principal del siguiente capítulo.

EJERCICIO: El iceberg de la violencia

Este ejercicio puede ser un poco difícil emocionalmente, así que lo ideal es buscar un espacio seguro para hacerlo y tener pensadas actividades que podamos hacer para calmarnos después si nos desregulamos, como darnos una ducha o llamar a un amigo o amiga.
Necesitaremos un folio, en el que dibujaremos un círculo que ocupe todo el papel. Luego trazaremos una línea horizontal en el centro que lo divida. Ese será nuestro iceberg.
En ese folio intentaremos escribir las experiencias de violencia que hemos vivido en nuestra vida. En la par-

te de abajo, las que no han sido visibles o reconocidas, porque a lo mejor no hemos hablado sobre ellas con nadie. Y en la parte superior, las que han sido más visibles o han producido unas consecuencias que implicaban a más personas (como tener que cambiarnos de colegio o de trabajo).

Podemos tomarnos varios días para terminarlo, e ir añadiendo situaciones a medida que se nos vayan ocurriendo. Esto nos ayudará a reconocer las situaciones de violencia que hemos vivido en nuestra vida y a ponerles nombre. Además, puede ser útil si queremos comenzar a hablar sobre alguna de ellas con nuestro círculo cercano. No es justo guardarse el dolor dentro, y lo que escribas en ese papel no necesita justificación ni va a ser juzgado. Si tú lo viviste como violencia, es que lo fue.

Una vez que termines el ejercicio, puedes utilizarlo como parte del proceso si estás trabajando en sanar alguna de esas heridas. O bien, si consideras que, por suerte, esas circunstancias ya no te afectan, puedes quemar el folio, mojarlo o enterrarlo para despedirte de él, y como una metáfora para dejar de aferrarte a esas experiencias.

Resumen de los puntos clave

1. La violencia es radioactiva y se extiende poco a poco sin que nos demos cuenta.
2. Los agresores no siempre son unos monstruos ni están locos. Creer que lo van a ser evita que los reconozcamos cuando son personas a las que queremos.
3. La violencia tiene mucho que ver con la falta de regulación emocional.

4. Las personas que son víctimas de violencia no tienen por qué tener ninguna característica común entre ellas, aparte del hecho de ser víctimas de violencia.

5. Para poder salir de las relaciones de violencia necesitamos pasar por tres fases: preparación, apoyo y mantenimiento.

3
LA MOCHILA EMOCIONAL

odo el mundo carga con una mochila emocional que se empieza a llenar el día que nacemos. Este saquito, que en realidad es nuestro sistema límbico, se va llenando de las experiencias emocionales que vivimos a lo largo de nuestra vida, de las experiencias que quedan sin resolver, de las humillaciones y traiciones que vivimos, y también del cariño y el apoyo que recibimos.

Por ejemplo, cuando vivimos una experiencia traumática, las emociones que sentimos en ese momento se quedan ligadas a ciertos detonantes (*triggers*) que pueden explotar más tarde, aunque no les tengamos un miedo consciente. Así, después de sufrir un atraco, el hecho de volver sola a casa puede convertirse en una fuente de ansiedad y malestar, a pesar de saber que es muy poco probable que te vuelva a ocurrir algo así.

También los mensajes que recibimos a lo largo de nuestra infancia y adolescencia se quedan guardados, como si nuestro cerebro fuera una grabadora que va interiorizando un montón de información para luego repetirla en bucle. Por eso, de adultas nos pueden seguir doliendo los mismos mensajes que cuando teníamos diez años.

No existen dos mochilas iguales. Cada persona carga con un peso diferente: para algunas, el peso será muy liviano y casi no les va a condicionar, mientras que, para otras, el esfuerzo de cargar con esta mochila afectará a todos los ámbitos de su vida. Y aunque normalmente sentimos el peso de nuestra mochila emocional, no somos capaces de identificar muy bien cuáles son las cosas que hay guardadas dentro. Para ello es fundamental la herramienta del autoconocimiento.

Nuestra capacidad para mirar en nuestro interior es innata, pero está condicionada por nuestra educación y por las experiencias que hemos tenido a lo largo de nuestra vida. Por ello, a veces sentimos que está perdida u olvidada.

Sin embargo, aunque a veces lo intentemos con todas nuestras fuerzas, no podemos deshacernos de la mochila. Hay épocas en las que puede pesar menos y otras en las que la sentiremos con toda su crudeza, pero no podemos dejarla colgada en un árbol del camino y seguir avanzado, porque tarde o temprano vamos a sentir que no podemos andar más, que hay algo que nos detiene. Por eso, lo ideal para aproximarse a esa mochila es acercarnos a ella sin miedo, teniendo en mente que igual nos toca sentarnos un rato con ella, sacar todo lo que contiene y poder recolocar lo que necesitemos para seguir avanzando.

Esta mochila condiciona nuestro estilo de apego y define el tipo de relaciones que desarrollamos. Así, cuando no aceptamos parte del peso que cargamos, como pasa con los duelos enquistados, nos resulta muy complicado que la base de estas relaciones sea estable.

La parte positiva es que el autoconocimiento y la aceptación son algo que podemos entrenar, con la guía y la motivación adecuada, para ser capaces de iniciar ese camino en el que la relación principal es con nosotras mismas.

PARA CONSTRUIR RELACIONES
SANAS NECESITO CONOCERME

María tiene veintisiete años y siente que no tiene personalidad. No le gusta estar sola y recurre a sus amistades para hacer planes a diario. Cuando tiene pareja, la relación suele avanzar muy rápido y pasa mucho tiempo con esa persona, hasta que finalmente se cansa y pierde el interés por la relación, de modo que se va distanciando poco a poco sin terminar de comunicar a la otra persona cómo se siente.

Diego, de treinta y dos años, no tiene una red afectiva muy amplia y la mayoría de sus relaciones de amistad son *online*. Se siente incómodo cuando queda con muchas personas a la vez y suele hacer solo un par de planes sociales al mes. No ha tenido muchas relaciones románticas, pero en las que ha tenido se ha sentido muy tenso y nunca se ha mostrado del todo vulnerable.

Estos dos perfiles, basados en casos reales, aunque con nombres ficticios, son muy distintos, pero comparten un rasgo en común: ni María ni Diego son personas que han tenido la oportunidad de conocerse antes de iniciar relaciones románticas.

Cuando comenzamos una nueva relación, pasamos por varias etapas. La primera es el descubrimiento («he conocido a alguien con quien tengo una conexión brutal»); la segunda es la energía de la nueva relación («hemos quedado ya dos veces y está siendo increíble»), y la tercera es el miedo («¿y si me hace daño? ¿Y si le hago daño yo? ¿Y si no funciona y acabo dolida otra vez?»).

Aquí voy a usar un símil del que hablo bastante en consulta: todas estas emociones y experiencias van a venir como olas hacia nosotras. Si no tenemos los pies bien plantados en la arena, es probable que nos vayan arrastrando, y que cuando consigamos ponernos en pie de nuevo, estemos en un lugar muy distinto al que queríamos estar. ¿Cómo nos aseguramos de tener los pies bien firmes en la arena? Pues estableciendo medidas de seguridad antes de permitir que lleguen esas olas. Por ejemplo, trabajando conscientemente en no descuidar al resto de tu red afectiva durante la energía de la nueva relación, o marcando acuerdos de comunicación no violenta desde el primer momento.

El problema es que, muchas veces, estas herramientas nos sirven en las dos primeras fases, pero cuando llegamos a la tercera, nos bloqueamos y tiramos por la vía inconsciente. Pueden aparecer el autosabotaje, la hipervigilancia o la ansiedad exagerada por cualquier pequeño conflicto y, en general, notaremos una sensación de incontrolabilidad que no es nada cómoda. Es por esta sensación por la que existen tantas teorías sobre cómo hacer que una relación funcione o tantos trucos para enamorar a la otra persona sin remedio, pero la realidad es que no existe nada que sea eficaz al cien por cien. Cuando te enamoras, tienes que asumir que te estás tirando al abismo.

Normalmente, nos da miedo sentir muy intensamente porque tememos pasarlo mal, quizás porque pensamos que si la cosa no va bien, no sabremos poner límites a tiempo, o quizás porque nos aterra la posibilidad de que exista un engaño por la otra parte. Esa vulnerabilidad es la que provoca que muchas personas se cierren en banda; es lo que se conoce informalmente como «no estar disponible emocionalmente». Es en ese estado en el que realmente el coste emocional que nos supondría la relación es demasiado elevado para los recursos que tenemos en ese momento, y ahí está bien ser honestas con nosotras mismas y decir: «Vale, ahora no, no puedo con esto». Es ético poder tomar distancia emocional mientras sanamos de otras circunstancias; por ejemplo, en estos casos:

- Cuando llevamos mucho tiempo encadenando relaciones y hemos decidido centrarnos en nosotras una temporada.
- Cuando todavía estamos gestionando un duelo que nos está suponiendo un gran coste emocional.
- Cuando nos han traicionado hace poco y todavía estamos trabajando en recuperar la confianza.
- Cuando, debido a nuestras circunstancias en el momento, no tenemos suficientes recursos emocionales (como la motivación) o físicos (como el tiempo) para establecer un nuevo vínculo.

Sin embargo, el hecho de encontrarte en algunas de estas situaciones habituales no quiere decir por fuerza que no estés disponible emocionalmente. Simplemente, suelen ser momentos en que nuestras herramientas están más dirigidas a procesar situaciones que nos están afectando todavía, y conectar con otra persona a veces supone parar ese procesamiento. De ahí la importancia de darnos el tiempo que necesitemos, y evitar sentir la urgencia de ir encadenando relaciones de manera constante.

La otra parte del proceso consiste en arriesgarnos, en tirarnos a ese abismo del que hablábamos antes, y entender que siempre que nos exponemos a vivir algo positivo, el dolor será parte de la experiencia. La cuestión es que, muchas veces, tenemos muy poca confianza en nuestra habilidad para sobrellevar el dolor. En esos casos, el miedo se vuelve en contra de nosotras mismas; ya no es el miedo a que nos dañen, sino el miedo a cómo vamos a reaccionar si eso pasa.

Menos mal que la energía de la nueva relación inclina un poco la balanza hacia el otro lado. Si no, probablemente no comenzaríamos ningún vínculo con nadie. Y es que la energía de la nueva relación nos ayuda a ver la parte bonita e idealizada del asunto. Al final se trata de la fiesta química que se monta en nuestro cerebro cuando encontramos un estímulo (en este caso, una persona) que activa la segregación de dopamina y otras catecolaminas.

Así, cuando estamos conociendo a alguien, normalmente tenemos esta disputa entre el miedo, que nos dice que no nos emocionemos, que vayamos con calma, que todo puede salir mal, y la energía de la nueva relación, que nos anima a darlo todo. Y entonces empiezan a surgir los bucles de inseguridad y las señales contradictorias.

Por eso, en este punto, lo ideal es ser honestas, tanto con nosotras mismas como con la otra persona. Si estás muerta de miedo y no tienes las cosas claras, dilo. Si, por el contrario, estás muy emocionada y crees que todo está yendo genial, dilo también. Si no tienes ni idea de lo que está pasando y simplemente te estás dejando llevar, dilo. La reacción de la otra persona será una gran fuente de información, no solo por su respuesta, sino por cómo trate tus emociones.

Y es que nos coartamos de expresarnos emocionalmente en las relaciones porque hemos aprendido que hablar de nuestras emociones es un conflicto, que es algo que puede hacer que la otra persona no se sienta cómoda o que simplemente por decirlo estamos tratando de imponer algo. Pero los límites no son para cambiar a nadie, sino que son para protegernos. Lo que conseguimos reprimiendo nuestra vulnerabilidad es que solo nos expresamos cuando algo nos molesta y, probablemente, cuando explota de la peor manera posible, lo que refuerza la idea de que comunicarse es malo y agrava el problema.

Por eso, desde el inicio de cualquier relación, lo ideal es aprender a decir lo bueno también, y si yo digo que «me gusta pasar tiempo contigo» y la otra persona entiende que «quiero que nos casemos en junio» es su problema, no el tuyo. En caso de que así te lo comunique, incluso puede salir una charla constructiva sobre expectativas. Pero si no lo hace, no es sano sentirse culpable por la interpretación que otra persona haga de nuestras palabras.

Del mismo modo, si alguien nos engaña o nos traiciona, no es culpa nuestra por confiar. Podemos asumir la responsabilidad de no haber puesto límites a tiempo o de haber ignorado algunas señales (en el caso de haber existido), pero no culparnos por las acciones de otra persona, ni tampoco personalizarlas.

En definitiva, tenemos derecho a ilusionarnos con las relaciones, tenemos derecho a arriesgarnos y a decidir conscientemente hasta qué punto podemos y queremos involucrarnos en ese momento, pero entendiendo que esto va de la mano con la posibilidad de que acabemos dolidas y tengamos que gestionar ese dolor. Por ello, si estamos en un momento de nuestras vidas en el que realmente no podemos con ello, es lícito apartarse a tiempo.

Al final, lo que nos da la confianza para tirarnos al vacío es la seguridad de que podremos controlar luego la caída, y para eso necesitamos haber construido antes nuestra red de seguridad. De ahí la necesidad del autoconocimiento, de ser capaces de preguntarnos cosas como: «¿Qué quiero en este momento?», «¿Esto me hace feliz?», «¿Cuáles son mis expectativas?». Y es lógico que no sepamos la respuesta, pero siempre podemos empezar por definir los límites externos y saber qué es lo que no queremos, lo que no nos hace felices y las expectativas que queremos evitar a toda costa. Atrevernos a cuestionarnos y a ser críticas, pero sin machacarnos, e ir paso a paso son las claves para comenzar a conocernos y a valorarnos un poco más.

DEPENDENCIA Y CODEPENDENCIA

Unos de los motivos de conflicto más habituales al inicio de una relación romántica es definir la línea entre los ámbitos de tu vida en que sientes que necesitas a esa persona y los que no. Esto tiene mucho que ver con nuestra mochila emocional y nuestros referentes en el amor, pero también con las ideas preconcebidas que ya existen.

Los mitos tradicionales nos han hecho pensar que si te enamoras, tienes que conectar con esa persona en cualquier aspecto, que toda actividad con ella será más divertida y que nunca te cansarás de su compañía. Esto provoca que a veces comencemos relaciones en las que abandonamos nuestra vida por entrar dentro del espacio de la otra persona. Ya no quedo con mis amigas porque tenemos eventos familiares, estoy tan centrada en cuidar la convivencia que abandono aficiones que antes disfrutaba, etc. Esto, en la práctica, supone un agotamiento que se va creando lentamente.

Cuando muchas personas se quieren dar cuenta, ya no tienen un solo aspecto de sus vidas que les pertenezca por completo, y esto, normalmente, no se debe a las demandas de la otra persona, sino a que ambas han adoptado esa dinámica de manera implícita. Y cuando llegan el cansancio y la saturación, no saben cómo recuperar su vida a la vez que mantienen la relación, lo que a veces supone la ruptura del vínculo.

Esto lo podríamos definir como dependencia en el sentido más práctico, que hace referencia a la necesidad de que la otra persona te acompañe en las actividades del día a día por el motivo que sea. Al final, es algo que podemos disfrutar durante la energía de la nueva relación, pero que puede llegar a saturar con el tiempo.

Sin embargo, me interesa más la parte emocional de la dependencia, aquella que tiene que ver con que necesitemos a otras personas para poder regularnos emocionalmente.

Cuando tendemos a la dependencia emocional, sentiremos que los demás nos completan, que solas nos sentimos vacías y nos aburrimos, mientras que con otras personas somos como ellas nos perciben, lo que muchas veces provoca que queramos «gustar demasiado» y buscar la aprobación ajena todo el tiempo, porque si no la tenemos, nuestra autoestima cae en picado.

El mayor peligro que tenemos en esta dinámica es que al dejar nuestra sensación de amor propio en manos de los demás, esta se vuelve altamente inestable. Además, nos hacemos más vulnerables a que ciertas personas puedan «jugar» a darnos esa aprobación o no según sus propias normas, lo que causa que adaptemos nuestro comportamiento a esas demandas, explícitas o implícitas, de los demás.

Y cuidado, porque siempre dependeremos en cierto modo de los demás. Como veremos, ser completamente independiente emocionalmente no es lo ideal, pero eso no significa que nos tengamos que ir al extremo contrario y depender completamente de nuestros vínculos para sobrellevar cualquier gestión o para tomar decisiones, porque sin ser conscientes de ello, nos estamos poniendo en riesgo.

Por otro lado, cuando tendemos a la codependencia, significa que nos autorregulamos dependiendo del estado emocional de las personas que hay a nuestro alrededor. Eso hace que tendamos a responsabilizarnos de sus emociones y de sus estados internos, e incluso que anticipemos cómo se pueden sentir constantemente y eso condicione nuestras acciones del día a día. Cuando caes en estas dinámicas, es habitual sentir que no puedes estar bien si alguien de tu alrededor está mal y decir cosas como «es que soy muy empática y conecto automáticamente con todo el mundo, así que siempre ayudo a otras personas anteponiéndolas a mí misma». Realmente, en la empatía conectamos con los demás, pero eso no significa que justifiquemos, minimicemos o nos responsabilicemos de sus conductas; sin embargo, en la codependencia sí. Estas dos tendencias están muy interrelacionadas y se atraen mutuamente, por así decirlo, ya que para que exista dependencia, una de las partes de la relación tiene que ser codependiente, si bien hay factores que influyen en la intensidad con la que se generan estas conductas.

Si me quejo de que mi pareja es una persona muy dependiente y me agobia, probablemente es porque a lo largo del tiempo hemos ido cediendo a determinadas demandas y no permitiendo que asuma las consecuencias de algunos de sus actos, o que se regule por sí misma en determinados estados emocionales (porque si veo que está mal, me siento mal yo y necesito intervenir, aunque deje cosas de mi vida pendientes por ello).

Estas dinámicas suelen nacer con nuestras primeras relaciones. Si bien, como hemos señalado antes, están en parte alimentadas por los mitos del amor romántico, también tienen que ver con el tipo de educación emocional que hemos recibido y con nuestras primeras experiencias de afecto e intimidad. ¿A qué me refiero con esto? A que la dependencia y la codependencia no son «diagnósticos» en sí mismos, sino síntomas, la cara visible de que algo más está pasando en nuestra regulación emocional.

Por ejemplo, la dependencia puede nacer de dos lugares distintos: por un lado, de ambientes de sobreprotección en los que la persona no ha tenido que asumir cargas ni responsabilidades y, por tanto, está acostumbrada a que otras personas se hagan cargo por ella. En estas ocasiones podemos encontrar una empatía moderada, así como rasgos narcisistas en ciertos casos, además de poca conciencia sobre lo injustas que son sus demandas algunas veces. Por otro lado, en otras ocasiones, la dependencia nace de un miedo al abandono. La persona no se ha sentido aceptada ni querida, y cuando encuentra una persona o un lugar en que sí se siente así o se puede mostrar vulnerable, se aferra a ello. Además, vuelve a sentirse muy vacía cuando está sola, porque le recuerda a esa época en la que carecía de apoyos, y entra en estados de desregulación, por lo que demanda constantemente la ayuda de los demás para volver a regularse.

Aunque estas categorías son muy amplias y pueden incluir muchos tipos de vivencias, me gustaría contar un caso real, al que he cambiado algunos datos, para ilustrar cómo se puede ver desde fuera.

Noelia es una chica de veinte años que lleva dos con su pareja, Manuel. De esos dos años, llevan un año y nueve meses de convivencia, ya que cuando se conocieron, ella vivía en casa de sus padres, con quienes tenía muy mala relación, y pasaba todo el tiempo en casa de Manuel, que estudiaba fuera de su ciudad y vivía en un piso de estudiantes. A los tres meses, Noelia se instaló de forma definitiva.

Noelia no tiene muy buena relación con los compañeros de piso de Manuel y casi no abandona la habitación que comparten. Solo sale para acudir a su trabajo en una tienda en la que trabaja tres días a la semana, por lo que depende de él para prácticamente todo, desde ir a la compra hasta hablar con sus compañeros sobre la limpieza del piso, porque se siente muy abrumada y agobiada cuando tiene que hacer esas cosas por sí misma.

Noelia tampoco tiene un círculo de amistades propio, por lo que sus escasos planes sociales son con los amigos y la familia de su novio. Esto provoca que él ya no tenga tiempo de calidad privado con su red afectiva, ya que siempre la incluye en sus planes para que no se sienta sola.

Con el tiempo comienzan a surgir tensiones por estos motivos. Por un lado, ella se siente poco cuidada y le reclama a Manuel más tiempo a solas. Por otro lado, él está completamente saturado y siente que ha perdido poco a poco toda su independencia. Sin una gestión adecuada de la situación, lo más probable es que la parte codependiente (Manuel) o bien se acabe adaptando y normalizando el no tener espacio propio, aunque esto explote de vez en cuando en conflictos en que sale toda la rabia y la frustración, o bien decida terminar la relación.

La gestión sana de estas situaciones requiere de la conciencia de la situación, que consta de tres partes:

- Noelia podría ser consciente de que quizás sus demandas son excesivas y distinguir entre las necesidades reales y las necesidades que está proyectando en la relación por no hacerse cargo ella misma.
- Manuel debería comenzar a poner límites y cuidar la relación consigo mismo y con su red afectiva.
- Ambos necesitarían sentarse y hablar sobre cómo llegar a acuerdos con los que ambas partes se puedan sentir cómodas mientras hacen ese trabajo personal.

El problema surge cuando esas dinámicas están tan arraigadas que no somos capaces de verlas, quizás porque están normalizadas en nuestra familia o en nuestro entorno, o quizás porque son barreras de protección de las que no somos conscientes todavía. En esas ocasiones podemos necesitar apoyo profesional psicológico para romper ciertas cogniciones que mantienen las conductas de dependencia y codependencia, como «si no hago esto, no me van a querer», «solo soy útil si los demás me valoran» o «mi éxito depende de cómo me perciban los demás».

Además, necesitaremos aumentar el tiempo de calidad que pasamos con nosotras mismas, dedicarnos ratos libres, recuperar aficiones y crear relaciones de intimidad más allá de nuestra relación romántica. Para conseguirlo podemos usar recursos como escribir un diario emocional, cuidar nuestra rutina, apuntarnos a alguna actividad que nos interese... Lo importante es volver a hacernos dueñas de nuestra vida, de nuestras decisiones y de nuestras emociones, porque tanto la dependencia como la codependencia nacen de sentir que necesitamos que los demás nos demuestren su amor constantemente para sentirnos válidas, o bien demostrar nosotras nuestro amor, a través de sacrificios personales, con el mismo fin.

En definitiva, parte del trabajo de introspección necesario para construir relaciones bonitas tiene que ver con cómo gestionamos la dependencia, con entender que los demás no «nos deben» el estar ahí, sino que lo «eligen», del mismo modo que los actos de servicio son un lenguaje del amor que se puede confundir con la codependencia. Y está bien saber que tenemos derecho a poner límites cuando lo necesitemos.

Podemos necesitarnos en aspectos concretos, pero nuestra pareja no es responsable de nuestra vida. Nos tenemos que recordar que nosotras somos nuestro vínculo principal.

¿QUÉ ES EL APEGO? (Y CÓMO ENTRENAR EL APEGO SEGURO)

Hasta ahora hemos analizado la parte más visible de las relaciones. Ahora nos vamos a ir a los sótanos, donde está la maquinaria que hace que esa parte visible funcione, y para ello nos vamos a guiar por la teoría del apego. Esta teoría, formulada por John Bowlby y Mary Ainsworth, postula que el vínculo que se establece entre madre e hijo tiene un efecto importante en el desarrollo emocional de ese niño. Si bien al principio se puso bastante en duda, con el paso del tiempo se ha visto afianzada por una gran cantidad de investigaciones realizadas, que también le han aportado una mayor amplitud a este concepto.

La teoría se basa en un experimento en el que se observaba a niñas y niños de corta edad mientras jugaban en una habitación en la que estaban sus madres junto a una persona desconocida, que se mantenía neutral. La madre salía de la habitación y se quedaban a solas con la persona desconocida. Más tarde volvía a entrar la madre. A este experimento se le denominó «experimento de la situación extraña».

A su vez, Bowlby propone la existencia de cuatro sistemas de conductas relacionados entre sí que tienen que ver con cómo procesamos nuestro afecto hacia el mundo exterior: el sistema de conductas de apego, el sistema de exploración, el sistema de miedo a los extraños y el sistema afiliativo.

En este experimento, basado en la observación de estos cuatro sistemas, se analizaba cómo reaccionaban estos niños. Se observó su tipo de afecto, que se dividió en tres categorías: apego seguro, apego inseguro-ambivalente y apego inseguro-evitativo.

Los niños que fueron calificados como de «apego seguro» eran aquellos que inmediatamente después de entrar en la sala de juego usaban a su madre como una base a partir de la que comenzaban a explorar. Cuando la madre salía de la habitación, su conducta exploratoria disminuía y se mostraban claramente afectados, aunque después de unos minutos eran capaces de autorregularse y retomar la exploración. El regreso de su madre les alegraba claramente y se acercaban a ella buscando el contacto físico durante unos instantes para luego continuar con sus juegos (conducta exploratoria).

Cuando Ainsworth examinó las observaciones que había realizado en los hogares de estos niños, encontró que sus madres habían sido calificadas como muy sensibles y respondían casi siempre a las llamadas del bebé, mostrándose disponibles cuando sus hijos las necesitaban. Esto significaba que los niños se sentían seguros para poder alejarse y explorar, porque sabían que cuando emitieran una petición de ayuda, iba a ser atendida. Al mismo tiempo, sus respuestas a su partida y regreso revelaban la fuerte necesidad de proximidad que tenían con su madre.

En las relaciones adultas, esto se traduce en una seguridad a la hora de tener espacio propio y privacidad, y a la hora de tomar decisiones, porque sabes que puedes apoyarte en tus vínculos cercanos. Además, ante un conflicto es más fácil estar enfocado en la resolución del problema, ya que no hay que solucionar previamente la desregulación que sí se produce en otros tipos de apego.

En segundo lugar, estaban los niños a los que catalogaron de «apego inseguro-ambivalente». Estos niños se mostraban tan preocupados por el paradero de sus madres que apenas exploraban la habitación. Pasaban un mal rato cuando esta salía, y ante su regreso se mostraban inseguros respecto a si acercarse o no. En la investigación en el hogar, las madres de estos niños habían procedido de forma inconsistente: se habían mostrado sensibles y cálidas en algunas ocasiones, y frías e insensibles en otras. Además, solían intervenir en la conducta exploratoria del niño, impidiendo que se regulase por sí mismo. Estas pautas de comportamiento habían llevado al niño a mostrarse inseguro acerca de la disponibilidad de su madre cuando la necesitase, y también a la inseguridad respecto a sus propias capacidades de autorregulación. Con el tiempo, esto se puede manifestar como una tendencia a estar siempre disponible para los demás en tus relaciones, sentir mucho miedo al abandono cuando existe algún conflicto y sentir excesivo malestar en situaciones en que tus demandas no son atendidas, aunque no lo externalices.

En el espectro casi contrario nos encontramos con el «apego inseguro-evitativo». En esta categoría se incluía a los niños que se mostraban bastante independientes en el experimento de la situación extraña. Desde el primer momento comenzaban a explorar, aunque sin utilizar a su madre como base segura, ya que no la miraban para comprobar su presencia, sino que la ignoraban. Es más, cuando la madre abandonaba la habitación, no parecían verse afectados, y tampoco buscaban acercarse y contactar físicamente con ella a su regreso. Incluso llegaban a rechazar el acercamiento si su madre buscaba el contacto.

En principio, esta conducta independiente podría interpretarse como saludable. Sin embargo, Ainsworth intuyó que se trataba de niños con dificultades emocionales. Su desapego era semejante al mostrado por los niños que habían experimentado separaciones dolorosas, y las observaciones en el hogar apoyaban esta interpretación. Las madres de estos niños se habían mostrado relativamente insensibles a las peticiones de los niños, e incluso los habían castigado o rechazado activamente. Por tanto, los niños se mostraban inseguros y, en algunos casos, muy preocupados por la proximidad de la madre. A veces incluso lloraban intensamente cuando ella abandonaba la habitación, porque era cuando podían mostrar su verdadero estado emocional.

Esto se traduce como una sensación de que no puedes contar con el apoyo de nadie cuando eres adulto, tiendes a reaccionar a la defensiva cada vez que te sientes vulnerable y adoptas, por lo general, una postura de indiferencia emocional ante la mayoría de las situaciones. Sin embargo, a veces se producen explosiones de emotividad contenida que se pueden sentir como una pérdida de control. Este comportamiento es una bomba de relojería cuando la persona se junta con alguien con apego ansioso, que se sentirá atraído por esa intensidad y la buscará constantemente. Pero, a la vez, la persona evitativa se sentirá abrumada por esas demandas, ya que solo puede entrar en esos estados emocionales muy de vez en cuando, lo que suele causar relaciones «montaña rusa» en las que existen muchos conflictos y reconciliaciones.

Por último, posteriormente al experimento original, se propuso una cuarta categoría, el «apego desorganizado», que recoge muchas de las características de los dos grupos de apego inseguro. Se trata de niños que muestran una variedad de conductas confusas y contradictorias. Por ejemplo, pueden mirar hacia otro lado mientras son sostenidos por la madre, o se aproximan a ella con una expresión monótona y triste. La mayoría comunica su desorientación con una expresión de ofuscación. Algunos lloran de forma inesperada tras mostrarse tranquilos, o adoptan posturas rígidas y extrañas o movimientos estereotipados.

Este tipo de apego se relaciona, por norma general, con el hecho de haber vivido o estar viviendo situaciones de violencia, abuso o negligencia. Dado que los cuidadores violentos son completamente imprevisibles, el niño no tiene ningún tipo de patrón que le permita saber cómo reaccionar. Puede recibir un castigo ante una petición de ayuda y aprende a llamar la atención lo menos posible y a desconectar de su mundo interior para poder sobrellevar la situación.

En la edad adulta, este apego es igual de caótico. Se trata de personas que pueden mostrarse muy cariñosas en un determinado momento y minutos más tarde estallar de forma violenta, o ignorarte durante meses y luego demandar tu atención intensamente. Nunca sabes qué esperar de ellas y pueden convertir las relaciones en un terreno de guerra.

En resumen, podemos distinguir los diferentes tipos de apego según dónde se apoya la confianza que tiene cada persona para poder autorregularse emocionalmente:

	CONFÍAS EN TI	NO CONFÍAS EN TI
CONFÍAS EN LOS DEMÁS	Apego seguro	Apego ambivalente
NO CONFÍAS EN LOS DEMÁS	Apego evitativo	Apego desorganizado

Por suerte, que nuestras madres sean de una manera u otra no determina el resto de nuestra vida. Y aunque estas teorías explican en gran medida nuestro desarrollo socioemocional, no son completamente causales de todo lo que pasa en nuestras relaciones. También influye nuestra personalidad, otras fuentes de aprendizaje y experiencias, así como el trabajo personal que hagamos en los planos psicológico y emocional.

Por eso, está bien saber que podemos sentirnos identificadas con uno o varios tipos de apego, pero esto no puede convertirse en una excusa para nuestras conductas («ay, es que cómo esperas que afronte este conflicto, ya sabes que tengo apego evitativo»). Lo ideal es revisar cómo han sido nuestros modelos de apego a lo largo de nuestra vida. Si hemos sentido alguna vez esa seguridad, hay que intentar buscarla, y si no, trabajar para crearla en nuestras futuras relaciones, pero, una vez más, entendiendo que es un proceso que empieza en nosotras.

También hay algunas herramientas que nos pueden servir para ir creando esa seguridad. Por ejemplo:

- Analiza cómo están cada uno de tus sistemas de apego: ¿Cuáles son las conductas que emito cuando siento que pierdo a alguien? ¿Son sanas? ¿Me funcionan? ¿Me considero una persona independiente? ¿Cómo suelo afrontar las situaciones que desconozco? ¿En qué grado es importante para mí la afinidad con otras personas? ¿Cómo se construye mi confianza en alguien? Etc.
- Piensa en cómo fue tu infancia, la relación con tus padres o cuidadores principales. Si sentías que se atendían tus necesidades. Si, por el contrario, no estabas en un ambiente en el que pudieras mostrarlas, etc.
- Fomenta tu autonomía. Toma decisiones por ti misma y asume tus errores cuando sucedan. No cargues en otras personas la responsabilidad de gestionarlo todo por ti, pero pide ayuda cuando exista algo con lo que no puedas sola.
- No pienses que el apego seguro va de que alguien pueda atender el cien por cien de tus necesidades. La realidad es que muchas de ellas las tendrás que cubrir por ti misma, pero eso no significa que no te vayas a sentir apoyada en el proceso.
- Comienza un proceso terapéutico individual si sientes que lo necesitas. Una evaluación personalizada siempre será lo mejor.

En definitiva, el apego influye en cómo nos relacionamos, pero no nos condiciona el resto de nuestra vida, a no ser que se convierta en algo automático e inconsciente. Por ello, cuando notamos que nuestras relaciones siguen siempre un patrón determinado, igual está bien revisar si existe una tendencia a la ambivalencia, a la evitación o a una desorganización emocional que nos esté jugando una mala pasada.

LA IMPORTANCIA DE LA SALUD MENTAL

Hasta ahora hemos hablado sobre cómo gestionamos nuestras emociones desde el modelo más neurotípico, es decir, el de personas que pueden tener dificultades, pero no sufren ninguna alteración biológica que les suponga una barrera para afrontarlas. Cuando este no es el caso y sí existe una psicopatología de base, las normas de la gestión emocional cambian un poco.

¿Por qué? Porque casi la mitad de la población desarrolla algún tipo de patología psicológica o psiquiátrica a lo largo de su vida, y necesitamos tener en cuenta las características de esa neurodivergencia en particular, ya que nos afecta a la hora de procesar la información que recibimos del exterior y puede modificar nuestra respuesta emocional a diversas situaciones. Los problemas de salud mental siempre se han estigmatizado tachándose de «locura», sin tener en cuenta que presentan características completamente distintas entre sí y que, por lo general, no impiden a nadie que lleve una vida funcional si tiene la información, la motivación y los cuidados necesarios.

Una de las alteraciones más habituales con las que nos encontramos son los cuadros de ansiedad. La ansiedad es un estado de estrés sostenido en el tiempo que se dispara ante situaciones que realmente no nos suponen una amenaza, aunque las percibimos como tal. Cuando entramos en estados ansiosos, tendemos a reaccionar excesivamente ante pequeños estímulos, que actúan como detonantes. Por ejemplo, una discusión sobre unos platos sin fregar puede convertirse en una bola de agobio que nos persiga durante todo el día. Esto puede hacer que estemos irritables, que nos aislemos o que creemos otra discusión para adecuar el ambiente a nuestro estado emocional. Si no somos conscientes de estos bucles, pueden llegar a dominar nuestra vida y nuestras relaciones. Por eso, necesitamos hacer conscientes las situaciones que nos dañan para poder hacerles frente, pedir los cuidados que necesitemos e intentar regularnos nosotras el resto del tiempo, algo que, por supuesto, no es nada fácil.

Cuando la ansiedad llega a un punto en el que condiciona más de un área de nuestra vida, podemos presentar un trastorno de ansiedad generalizado. En estos casos —sé que soy muy pesada con esto, pero necesito dejarlo claro—, la atención psicológica, y a veces psiquiátrica, de calidad y personalizada es lo que nos ayudará a avanzar.

En las relaciones de pareja, la ansiedad se puede percibir como el agobio ante pequeñas cosas, la rigidez en las rutinas, las conductas de control dirigidas a autocalmarnos o la creación de expectativas irreales, que cuando no se cumplen, nos provocan una gran desregulación. Por ejemplo, cualquier mínimo conflicto, como que se cambie la hora de un viaje, puede suponer un problema enorme que la persona no se ve capaz de resolver, por lo que crea en su cabeza mil escenarios distintos sobre lo terrible que es esa situación y los vive como si fueran reales. Esta ansiedad se proyecta muchas veces en la pareja en forma de reproches («tenías que haber empezado a prepararte antes»), chantajes («si no salimos ahora, no salimos») y una actitud negativa que puede durar minutos, horas o días.

En relaciones en las que una persona tiene ansiedad y la otra no, la parte neurotípica puede sentirse sobrepasada por las demandas de su pareja y tener miedo de sacar determinados temas por la reacción emocional que puedan suponer. Por otro lado, cuando ambas personas tienen ansiedad, se suelen crear grandes conflictos de cosas pequeñas, que desaparecen al cabo de unas horas, pero que al final crean una sensación de cansancio y frustración.

Las personas con ansiedad presentan muchas similitudes con quienes tienen diagnósticos de depresión, ya que, por lo general, el nivel de tolerancia al cambio o a los conflictos de estas últimas es mínima e hiperreaccionan ante pequeños estímulos. Además, aunque tenemos el concepto de que alguien con depresión está constantemente triste, la realidad es que es una patología que puede adoptar muchas formas. Los síntomas principales pueden ser la rabia y el enfado, y reaccionarse de manera agresiva constantemente. También se puede esconder bajo la responsabilidad extrema, y dedicar todas las horas de tu vida al trabajo o al estudio porque es lo único que consigue distraer a la persona de un sentimiento de vacío. Por tanto, identificar factores como la falta de motivación y expectativas, el déficit en el autocuidado o el agotamiento emocional nos puede ayudar a reconocer estados depresivos que están comenzando. Una vez que esta patología avanza, se hace cada vez más complicado salir de esos estados emocionales desregulados, y todo parece que cuesta mucho más. Es entonces cuando pueden aparecer las primeras señales visibles, e incluso los pensamientos relacionados con la autolesión o el suicidio.

En la relación podemos notar que una persona que antes proponía planes y era proactiva a la hora de solucionar conflictos ahora no es capaz de ninguna de esas cosas. Además, descuida su imagen, su aseo personal y sus relaciones, y sus respuestas se han vuelto mucho más secas, incluso llegando a ser hiriente en algunas ocasiones. Cuando este estado dura semanas, e incluso meses, detectar esa posible depresión y comenzar a trabajar en salir del pozo es fundamental para salvar tanto la relación de la persona consigo misma como con el resto de su red afectiva.

Porque, según avanza, las conductas se pueden volver más impulsivas y caóticas.

De hecho, muchos casos de infidelidad vienen provocados por este tipo de situaciones. Ya sea porque la parte que no tiene depresión se satura de su rol de cuidadora y busca aliviar tensión fuera de la relación, o bien porque la persona que sufre esta enfermedad busca experiencias nuevas que le puedan motivar o hacer sentir algo, y no es capaz de empatizar con su pareja en ese momento ni de comunicar sus necesidades.

Hay que ser conscientes de que cuando cualquiera de estos diagnósticos se ve salpicado por conductas como el consumo de sustancias, este consumo es lo primero que hay que trabajar en la mayoría de los casos, ya que suele ser una barrera evitativa que hace que la persona no se enfrente realmente a sus problemas.

Otro factor que hay que tener en cuenta cuando hablamos de salud metal es la existencia de traumas. Entendemos por «trauma» todas aquellas situaciones para las que no teníamos herramientas para gestionar y en las que nos sentimos muy dañadas, aterradas o abandonadas. Al final se trata de situaciones que nos han producido un efecto psicológico, que a veces puede mantenerse oculto durante años.

La clave para identificar las experiencias traumáticas está en las barreras defensivas que nos han dejado. Vamos a ver qué significa esto en la práctica.

Miguel tenía trece años cuando comenzaron a acosarle en el instituto. Se acababa de cambiar de instituto y no conocía a nadie, por lo que se convirtió en el blanco de un grupo de chicos que se divertían insultándole, pintando y robando sus cosas, o empujándole cada vez que le veían por los pasillos.

Aguantó esas vejaciones durante casi todo el curso, hasta que empezó a juntarse con un círculo de amistades, lo que le dio fuerzas para empezar a contestar a sus acosadores y poco a poco el acoso fue disminuyendo.

Ahora Miguel está en la universidad y tiene una relación desde hace seis meses con Carlos. En general, están a gusto, pero de vez en cuando, Miguel tiene reacciones que su pareja no entiende. Por ejemplo, está constantemente a la defensiva ante cualquier mínima crítica, le importa mucho (a veces demasiado) la opinión de los demás y es excesivamente celoso, llegando a pensar que todo el mundo que se acerca a Carlos lo hace porque no consideran que él sea suficiente como pareja.

Estas conductas son reflejos de los mecanismos que tuvo que aprender para defenderse en ese año de instituto (no fiarse de las intenciones de los demás, contestar mal cuando cree que le están haciendo de menos...). Estas conductas eran útiles cuando tenía trece años y le funcionaron para salvarse de una situación muy complicada, pero ahora ya no lo son y empiezan a suponer una carga en su relación. Cuando esto domina varias áreas de nuestra vida, se denomina «estrés postraumático» y puede aparecer de muchas formas.

Probablemente, estos síntomas no están siempre presentes, pero saltan cuando aparece algún estímulo bajo el que Miguel se siente atacado de algún modo. Normalmente, estos casos no son así de lineales y simples, pero muchas veces sí vamos a ser capaces de identificarlos por nosotras mismas. Por ejemplo, si eres una persona cuyos padres no estaban disponibles casi nunca, es probable que aprendieras a ser bastante independiente. Eso se puede traducir en ser hiperresponsable cuando eres adulta y cargarte con más responsabilidades de las que te corresponden. Si, por el contrario, has sido alguien que anhelabas tener libertad porque tus cuidadores eran excesivamente sobreprotectores, puedes convertirte en una persona que evita las responsabilidades y los compromisos por norma general.

La clave está en pensar dónde y cuándo hemos aprendido esas conductas que ahora mismo nos están suponiendo un problema. Cuando estas experiencias tienen que ver con la violencia, se identifican con más claridad. Pero en otras ocasiones vamos a necesitar tirar de introspección y autoconocimiento, e intentar ver esas situaciones desde los ojos de la persona que éramos a esa edad, no de la que somos ahora.

Cuando hablamos de trauma, tenemos que hablar también de disociación, ya que es un síntoma que nos suele acompañar bastante después de muchas de estas experiencias. La disociación es una sensación de desconexión con tu parte emocional. Se puede sentir como que todo es una película (desrealización), como que estás fuera de tu cuerpo y funcionas en automático (despersonalización) o como que eres incapaz de reaccionar externamente de la manera en la que lo haces internamente.

Cuando disociamos, tal vez no recordemos etapas de nuestra vida o pequeños eventos, como la vuelta a casa tras una discusión, y muchas veces tendremos la sensación de que decimos cosas que no pensamos, porque nuestro cerebro está en modo «busca la salida rápida para escapar de ahí». Por eso es importante reconocerlo cuando sucede en nuestras relaciones, ya que es el estado contrario a gestionar las cosas de manera consciente.

Si, además, existen otro tipo de neurodivergencias, es necesario conocer bien cómo funciona la mente de la persona que las padece para poder construir una relación en la que se respete esa condición, pero también se pongan límites cuando sea necesario.

Existen tres categorías básicas a la hora de hablar sobre psicopatologías que afectan a la personalidad y que aparecen reflejadas en el DSM-5, la herramienta básica de diagnóstico de los trastornos mentales. En el grupo A están los trastornos paranoide, esquizoide y esquizotípico. En el B figuran las personalidades antisociales, bipolares, límite, histriónicas y narcisistas. Y en el C se incluyen los trastornos dependientes, evasivos y obsesivo-compulsivos.

Los trastornos del primer grupo, es decir, los trastornos paranoide, esquizoide y esquizotípico, suelen cursar con ideas un poco extrañas y comportamientos excéntricos. Se trata de personas que tienen una visión de la realidad un poco distorsionada, lo cual se refleja en sus creencias y conductas. Las relaciones pueden ser perfectamente sanas mientras estas creencias no interfieran. Pero a veces sí pueden interferir, como pensar que tu pareja te engaña y que eso se convierta en una obsesión.

Dentro del grupo B nos encontramos con personalidades antisociales, bipolares, límite, histriónicas y narcisistas. Este es el grupo más puramente emocional, es decir, son personas cuya capacidad racional suele estar en perfectas condiciones, pero viven con una desregulación emocional importante. Las diferencias entre ellos son fundamentales:

• Las personas antisociales huyen de cualquier tipo de intimidad y compromiso, o lo mantienen puramente por un interés funcional, aunque pueden existir vínculos de intimidad importantes para ellas. Por norma general, tendrán problemas a la hora de adaptarse a las normas sociales y de lidiar con problemas prácticos.

- Las personas con bipolaridad transitan, por lo general, entre estados de manía, en los que se muestran muy activas y motivadas y proponen mil planes y proyectos, y estados de depresión, en los que no se sienten con fuerzas para poder llevar nada a cabo. Estos cambios afectan a las relaciones y crean ambivalencia, ya que los demás muchas veces no saben cuándo una expresión emocional es parte de un episodio de manía o cuándo es algo consciente.

- Las personas con trastorno límite se distinguen por un miedo enorme al abandono que domina su vida y sus acciones. Además, suelen ser muy impulsivas y autodestructivas, y tienden a idealizar o demonizar a los demás. Esto provoca que exista una gran lealtad hacia las personas que consideran de su confianza, pero su autoestima es muy variable, pues un minuto pueden sentirse como dioses y al minuto siguiente querer morirse. Esto se refleja en sus relaciones en forma de inestabilidad constante.

- En el histrionismo nos encontramos otra vez con el miedo al abandono, pero esta vez en forma de necesidad de atención constante. Siempre quieren estar en el foco de todas las situaciones. Pueden ser personas extremadamente sociables y divertidas, pero no toleran el rechazo o la frustración.

- Por último, nos encontramos con los famosos narcisistas, aquellas personas que solo se fijan en sí mismas, con un nivel muy bajo de empatía y, por lo general, altas capacidades para manipular las emociones ajenas. Suelen hacer que las relaciones giren alrededor de sus necesidades, y cubrir las de los demás solo cuando buscan algo a cambio.

En un tercer grupo de patologías que afectan a la personalidad nos encontramos con los trastornos dependientes, evasivos y obsesivo-compulsivos. Estos no cursan necesariamente con ideas extrañas ni con impulsividad emocional, sino que guardan mucha relación con la restricción y el control. En las relaciones de pareja son personas muy rígidas en el plano cognitivo, que no van a entender que los demás no piensen como ellas en muchas ocasiones y que tienen costumbres muy marcadas.

Las personas dependientes buscan esa evitación emocional utilizando un elemento para aliviar la tensión, que puede ser una persona o una sustancia. Las personas evasivas restringen directamente su relación con el mundo para sentirse lo más seguras posible. Y quienes sufren compulsiones tendrán algunas conductas muy marcadas, automáticas y predecibles que se repetirán siempre y que tienen como fin hacerlas sentir seguras o evitar posibles catástrofes.

Otras neurodivergencias que pueden afectar a nuestras relaciones son las relacionadas con los trastornos del espectro autista (TEA), en los que no existe una teoría de la mente que permita entender las emociones e intenciones implícitas de otras personas. Esto hace que quienes los padecen tampoco comprendan muchas normas sociales y que las personas neurotípicas puedan ver esos comportamientos como extraños. Al igual que en otras alteraciones de este tipo, el diagnóstico precoz y el acompañamiento psicológico facilitan la aceptación y el control de determinados «síntomas». Existen muchas vivencias distintas en este ámbito y es difícil crear un consenso general sobre cómo afectan los TEA en las relaciones de pareja, ya que existen muchos factores en juego. Pero, aunque algunas situaciones puedan suponer retos específicos, está claro que, en la mayoría de los casos, no suponen una barrera a la hora de poder construir relaciones románticas sanas a largo plazo.

Los trastornos del control de impulsos también tienen una gran influencia en la gestión de cualquier relación, ya que existe una conducta o una serie de conductas que se convierten en el foco de la vida de la persona, como los trastornos de la alimentación o las adicciones. En estos casos, la relación puede verse afectada, ya sea por las conductas relacionadas con esa falta de control de impulsos o por las consecuencias de las mismas. Es importante entender que aquí la falta de límites alimentará este tipo de situaciones. Es decir, si estamos en una relación con alguien que tiene un problema de control de impulsos que se le está yendo de las manos y no somos capaces de ponerle límites o de alejarnos, estamos ayudando a cavar dos tumbas, la suya y la nuestra.

Por eso, en estos casos, poner el foco en solucionar esos conflictos individuales y en cuidarnos lo máximo posible va antes que gestionar nada de la relación. Sin salud mental no hay relaciones sanas, solo hay relaciones en las que nos acostumbramos al malestar.

Además, hay que ser conscientes de que todas podemos sentirnos identificadas en algunas de estas categorías. Eso no significa que tengamos un trastorno. Si tenemos dudas, lo ideal es buscar siempre ayuda profesional personalizada para indagar qué está pasando.

En muchos casos, los prejuicios sobre la psicología, la falta de recursos o el miedo a la medicación suponen una barrera a la hora de buscar soluciones para este tipo de enfermedades. Pero si bien es cierto que muchas veces la atención sanitaria en este ámbito deja mucho que desear, con el diagnóstico y el tratamiento adecuado no existe ningún motivo por el que estos trastornos tengan que seguir condicionando nuestra vida.

Estar al lado de alguien que sufre cualquier tipo de problema de salud mental o alguna neurodivergencia puede resultar muy complicado, especialmente si carecemos de la información adecuada o si esa persona no es consciente de cómo reacciona ante determinadas situaciones. Por eso, entender a la otra persona y ser conscientes de cómo le afecta esta condición es fundamental para poner límites ante situaciones que nos dañan y para no justificarlo todo, así como para poder validar sus emociones y sus vivencias.

En definitiva, no hay que caer en la trampa de romantizar los problemas de salud mental. Aunque convivir con algunas de sus consecuencias es devastador en algunos casos, tampoco podemos demonizarlos, ni reducir a las personas a un diagnóstico. Necesitamos escucharlas y entender su realidad para poder acompañar y apoyar.

EJERCICIO: Tu línea de vida

Este ejercicio, al igual que el del capítulo anterior, puede producir malestar y ansiedad cuando hemos pasado por situaciones traumáticas en nuestra vida, así que se aconseja hacerlo buscando espacios de seguridad y, si es posible, bajo la supervisión de un profesional de la psicología para que pueda ayudarnos a interpretar los resultados.

Consiste en dibujar una línea horizontal que represente nuestra vida, con sus subidas y bajadas, que podemos identificar con pequeños textos. El dibujo quedará como una montaña rusa, donde trataremos de identificar más a fondo los picos más altos y los más bajos. Este ejercicio nos ayudará a identificar cuáles han sido las épocas en las que hemos podido aprender conductas de defensa que ahora no nos son útiles, por ejemplo, o cuáles han sido las temporadas en las que sentíamos que estaba todo bien y por qué era.

Este tipo de ejercicios son de introspección y, por tanto, su valor reside en la información que nos dan sobre nosotras mismas. Sin embargo, lo ideal es poder usar luego esa información para crear un relato coherente de nuestra vida, en el que entendamos y validemos las emociones, las reacciones y las decisiones de nuestra «yo» del pasado.

Resumen de los puntos clave

1. Las experiencias que hemos tenido a lo largo de nuestra vida condicionan nuestra visión del amor y las relaciones.
2. Para poder construir relaciones sanas necesito aprender a sanar mis heridas emocionales, para no proyectarlas en las personas con quienes me relaciono.
3. La dependencia nos hace pensar que solo somos válidas si contamos con la atención y el cariño de los demás, mientras que en la codependencia nos medimos por lo que somos capaces de hacer por otras personas.
4. Existen cuatro tipos de apego: el seguro, el ansioso, el evitativo y el desorganizado.
5. La salud mental importa, y cada diagnóstico tiene distintas implicaciones en cómo nos relacionamos, aunque no define el tipo de relaciones que podemos tener.

4

HACIA UNA RELACIÓN SANA

Si has llegado hasta aquí, gracias. Espero que la primera parte te haya ayudado a conocerte un poco mejor y que tengas ganas de seguir con la lectura. Pero si no es así, si ahora mismo tienes más dudas e inseguridades que cuando empezaste, no te preocupes, puedes parar un rato, darte una ducha o prepararte un té, llorar un rato si lo necesitas o escribir sobre cómo te sientes, para que cuando te apetezca retomar la lectura, la disfrutes. No pases un mal rato innecesariamente.

En la primera mitad del libro hemos revisado la parte más teórica, hemos hablado sobre cómo crear conciencia y sobre las distintas barreras que pueden surgir a la hora de gestionar relaciones emocionalmente sanas, desde la violencia hasta los autosabotajes que cometemos de manera inconsciente. Hemos visto que nuestra mochila emocional requiere que trabajemos en nosotras antes de comprometernos con relaciones de intimidad. También hemos visto la importancia de hacer los procesos y las decisiones más conscientes, y la idea de que, si no deconstruimos los mitos del amor romántico por el camino, acabaremos guiando nuestros vínculos según las reglas de otros.

Ahora vamos a profundizar en qué es la responsabilidad afectiva, cómo crear acuerdos adecuados para cada caso, cómo cuidar y qué trucos nos pueden servir para evitar que los celos y la inseguridad estén siempre presentes. Es decir, nos centraremos en cuáles son las herramientas específicas que nos ayudarán a la hora de hacer un trabajo en común con cualquiera de nuestros vínculos, porque, aunque estén mayormente dirigidas al ámbito romántico, pueden aplicarse también a otras de nuestras relaciones.

Por eso, lo que me gustaría transmitir también es que la gestión emocional no sirve de nada si solo la dirigimos hacia nuestras relaciones románticas. Necesitamos crear una red de seguridad emocional en todos los ámbitos, y de ahí nace el término de «red afectiva».

Dejar de poner todos nuestros esfuerzos en un solo vínculo es muchas veces el camino más directo hacia construir una base con nosotras mismas y el resto de nuestro entorno.

RESPONSABILIDAD AFECTIVA

En los últimos años se ha empezado a hablar, cada vez más, de este término: la responsabilidad afectiva o responsabilidad emocional. Define un conjunto de prácticas que promueven los buenos tratos en las relaciones, que van desde la comunicación asertiva hasta saber aceptar los rechazos sin que esto suponga que nuestros cimientos de seguridad interna se resquebrajen.

Tiene que ver con empatizar con las emociones de los demás, pero sin perder de vista las nuestras, con construir acuerdos justos para todas las partes y con entender el coste emocional que nos suponen las distintas situaciones que se producen en nuestras relaciones. Es decir, hay una parte propia: para poder ser responsables afectivamente con otras personas, necesitamos serlo también con nosotras. Por eso, podría decir que la responsabilidad afectiva como término general consta de tres partes:

- **La responsabilidad conmigo misma.** Se basa en el nivel de autoconocimiento que tenemos, en si escuchamos a nuestro cuerpo, en si respetamos nuestras necesidades, en si ponemos límites, etc.
- **La responsabilidad hacia las distintas personas.** Se refiere al nivel de empatía que tenemos cuando alguien nos cuenta algo, a la flexibilidad que tenemos a la hora de entender las distintas circunstancias y a la capacidad de autorregularnos antes de iniciar acciones que involucren a otras personas (desde no insultar a un teleoperador hasta ser capaces de calmarnos durante una discusión de pareja).
- **La responsabilidad con mis relaciones.** Esta categoría engloba a las dos anteriores, y define cómo lo aplicamos en las relaciones que tenemos, cuáles son nuestras herramientas, si somos capaces de crear acuerdos y cumplirlos, etc.

Estas tres dimensiones están interrelacionadas y forman una pirámide, ya que necesitamos una base de responsabilidad hacia nosotras mismas para poder construir las otras responsabilidades de manera segura.

Las mayores dificultades a la hora de ejercer la responsabilidad afectiva, son las barreras individuales y sociales, ya que tanto los mitos del amor romántico como nuestras experiencias previas y nuestra socialización nos pueden predisponer a ver a los demás como enemigos en vez de como compañeros. Esto se traduce en las dinámicas que hemos visto anteriormente, en las que generamos dependencia o codependencia, nos volvemos evitativas ante los conflictos o nos aterra la idea de mostrarnos vulnerables o de que nos abandonen, por lo que no llegamos a construir relaciones de intimidad estables y desarrollamos conductas de toxicidad.

Por suerte, podemos entrenarnos para ser más responsables en el plano afectivo. La clave está en los pequeños cambios, en pensar en cómo reaccionamos ante las distintas situaciones y en tratar de identificar los patrones en común que puedan existir.

Sonia se consideraba una mujer muy segura de sí misma y muy decidida. Además, tenía claras sus necesidades en las relaciones y lo que buscaba a la hora de crear vínculos de intimidad. Sin embargo, con el tiempo se aburría de las relaciones y comenzaba a saltarse límites, hacía *sexting* con otras personas, ocultándoselo a sus parejas, e incluso a veces comenzaba romances con personas de su trabajo o con amistades cercanas al círculo de su relación del momento.

Se avergonzaba mucho de su comportamiento, no porque se sintiera mal por disfrutar de su sexualidad, sino porque las cosas que hacía no entraban dentro de los acuerdos de sus relaciones y acababa haciendo daño a gente a la que quería, ya que tarde o temprano se acababan enterando, y cuando no se enteraban, era ella quien terminaba esas relaciones por la culpa que sentía. No entendía por qué no era capaz de ser responsable afectivamente en sus relaciones y sentía que no se merecía estar con alguien que fuera «bueno» con ella, así que al final acababa buscando parejas que tampoco eran muy fiables, con las que se sentía excusada para saltarse esos límites.

La clave en este tipo de situaciones está en preguntarse: ¿Qué es lo que hace que pierdas el compromiso con ser responsable en la relación? ¿Tus acuerdos son coherentes con tus prioridades reales? En algunas ocasiones, como en este caso, puede tener que ver con que los modelos de relación que estás estableciendo no son realmente coherentes con tu forma de ser o con tus necesidades del momento. Otras veces puede deberse al miedo a la pérdida o a resultar dañadas, lo que hace que tengamos conductas defensivas en las relaciones, y en otras ocasiones puede estar ocasionado simplemente por la propia falta de autorregulación.

Es fundamental mirar hacia dentro y ser honestas con nosotras mismas, aunque nos duelan las respuestas a las que lleguemos. No es divertido darse cuenta de que esa infidelidad que sucedió hace cinco años o la manera en la que nos dejó nuestra primera pareja nos está afectando, cuando creíamos que ya lo teníamos superadísimo. Pero, a lo mejor, admitirlo y validar las emociones que tengamos en ese ámbito nos ayuda a que nuestras siguientes relaciones no se vean perseguidas por esos fantasmas. Al final, todo va de romper patrones que nos hagan daño y sustituirlos por otros que permitan que nuestros vínculos se construyan desde cómo somos ahora, en vez de repetir la misma historia una y otra vez para tratar de darle sentido a esa primera experiencia que nos marcó.

Este proceso comienza por el autoconocimiento y la introspección. Hay que recolocar la mochila emocional para ser capaces de ver nuestras acciones con perspectiva. Así seremos capaces de dejar de culpar a otras personas por aspectos de los que nosotras podemos responsabilizarnos, así como quitarnos un peso de responsabilidad al reevaluar determinadas situaciones. Este es un paso fundamental que nos ayuda a responsabilizarnos y tomar conciencia de cómo nos relacionamos con otras personas. Pero ¿cómo lo ponemos en práctica?

En primer lugar, necesitamos entender que nuestras vivencias no son únicas ni están aisladas, sino que se interrelacionan constantemente con las de otras personas. Cuando ejercemos una acción, esta tiene consecuencias; pensar y asumir esas consecuencias es un acto de responsabilidad afectiva.

Si, por ejemplo, no me apetece quedar con alguien y no soy responsable, entonces dejo de contestar, no concreto nada y a la hora a la que supuestamente se había quedado o cuando se da una demanda de atención como «oye, ¿qué hacemos hoy al final?», digo que al final no puedo quedar. En esa acción no tienes en cuenta que quizás esa persona había reservado esa noche para quedar, que no le estamos dando tiempo a hacer otro plan, etc. Sin embargo, si en el momento en que nos damos cuenta de que esa noche nos apetece quedarnos en casa lo comunicamos, somos claras al respecto y damos alguna solución reparativa si es necesario («hoy estoy agotada, pero si te parece, podemos vernos el domingo y damos un paseo»), estamos siendo responsables. Si, por el contrario, ignoramos nuestra necesidad de quedarnos en casa, hacemos el plan igualmente y no lo disfrutamos nada porque estamos deseando que termine, estamos siendo complacientes, y la otra persona puede sentir que quedar con ella es una carga para nosotras.

Esto se puede extrapolar a cualquier otra situación, y adaptarse según las sensibilidades de las personas implicadas. Alguien que tiene fobia social, por ejemplo, puede necesitar que lo avisen cuando va a asistir a un evento en el que hay muchas personas desconocidas y que le ofrezcan alternativas para poder irse si se agobia; por el contrario, para alguien extrovertido, esta misma situación sería una grata sorpresa, en la mayoría de las ocasiones, y no requeriría un aviso previo.

Aquí es donde entra en juego la «simetría», que en este ámbito se define como que las necesidades de los demás son un reflejo de las nuestras. Esto puede dar pie a no entender las necesidades de los demás cuando no las compartimos, así como a no expresarnos, ya que damos por hecho que la otra persona ya sabe lo que debería hacer.

Entender que la asimetría también es válida nos facilitará dar a cada persona los cuidados que requiere y defender nuestras necesidades a la vez. También nos ayuda a no personalizar determinadas situaciones o conductas.

Y esta es la tercera clave dentro de la responsabilidad afectiva: entender que las conductas de los demás tienen bastante menos que ver con nosotras de lo que pensamos. Cada acto es un reflejo del aprendizaje y de las vivencias individuales, no se da específicamente por la persona que está enfrente.

Ante la misma situación, cada persona puede actuar de una manera radicalmente distinta. Comprender esto nos ayuda a ser responsables a la hora de respetar las dinámicas que los demás tienen en sus relaciones.

Jordi (nombre ficticio) tenía una relación desde hacía dos años con una chica, Diana. Él sentía mucha ansiedad y estaba muy preocupado porque ella tenía una amiga que, desde hacía seis meses o así, se estaba «aprovechando» de su buena voluntad. Esta amiga tenía un problema de adicción y le pedía constantemente dinero y favores.

Jordi había vivido una situación similar con alguien de su familia, por lo que tenía unos límites muy estrictos al respecto y no entendía por qué Diana seguía cediendo en esa dinámica en vez de hacerle caso a él y cortar la relación con esa chica, a menos que buscase ayuda de verdad. Diana se negaba, y justificaba todas las conductas de la otra persona. Además de no ser consciente del sacrificio personal que le estaba suponiendo, le agobiaba que eso fuera un conflicto en su relación, porque sentía que era algo que no tenía por qué afectar a Jordi para nada, ya que era ajeno a su relación.

En este punto decidieron realizar una asesoría psicológica de pareja, ya que querían irse a vivir juntos, pero este problema les causaba discusiones casi todas las semanas y se había convertido en un punto de tensión que ponía en peligro la relación. Mi valoración fue que ambas partes estaban en lo correcto, pero mientras que ella mantenía la responsabilidad afectiva con la relación y no había desatendido las necesidades de Jordi en ningún momento, él estaba demasiado enfocado en la relación de Diana con esa tercera persona, y probablemente estaba proyectando lo que a él le hubiera gustado que le dijeran cuando se enfrentó a esa misma situación.

Puede ser que estuviera en lo cierto cuando decía que ella se estaba sacrificando demasiado por ayudar a su amiga, pero, al final, las vivencias no son simétricas porque exista un vínculo romántico, y la experiencia de Jordi, aunque era importante para Diana, no definía cómo tenía que ser su actitud en ese momento. Además, debido a esa presión, ella, en vez de hacer el proceso natural de intentar ayudar, frustrarse y abandonar por su cuenta, se estaba tomando el «salvar» a esa persona como algo personal, por el peso que eso tenía en su relación, por demostrar que sus acciones servían para algo y que la historia no era la misma que la de la familia de Jordi.

En este caso, ser responsable afectivamente sería apoyar a su pareja a pesar de que sospechase que iba a acabar decepcionada. Eso no significaba que Jordi no pudiera dar su opinión sobre el tema, pero sí que le permitiera hacer su propio proceso de aprendizaje sin forzarlo.

Así pues, soy responsable conmigo cuando asumo las consecuencias de mis actos y soy responsable con los demás cuando dejo que las asuman. Podemos hacer mucho bien simplemente escuchando y dejando que la otra persona se desahogue en vez de sentir que tenemos que juzgar la situación o solucionar ese malestar.

Ser responsable implica una parte de trabajo personal. Por ejemplo, a la hora de afrontar un rechazo, que alguien no esté de acuerdo contigo o que te hagan una crítica inesperada. En estas ocasiones pueden surgir nuestras inseguridades, podemos sentirnos heridas o atacadas y reaccionar de una manera muy emocional. Una vez más, nos lo tomamos de manera personal, cuando no tiene por qué serlo.

Necesitamos construir unos cimientos de seguridad interna, primero con nosotras mismas y, más tarde, con nuestra red afectiva, para ser capaces de procesar que el hecho de que no le caigamos bien a alguien, que nos rechace o que critique nuestra conducta no significa que disminuya nuestra valía. Podemos quedarnos con las opiniones que nos aportan y relativizar las demás, sobre todo cuando provienen de personas cuyos valores y objetivos son distintos a los nuestros, ya que, en este caso, es lógico que tengan discrepancias. Eso significa que nosotras estamos en el camino que hemos elegido, o que, al menos, estamos trabajando para estarlo.

Al final, la responsabilidad afectiva tiene mucho que ver con entender que la vida no es justa y que van a surgir imprevistos; que no somos responsables de las acciones de los demás, pero sí de las consecuencias de las nuestras, y que lo ideal es evitar personalizar la mayoría de las situaciones. Nuestra capacidad para hacerlo depende de nuestro procesamiento interno de las acciones de los demás, de cómo de vulnerables nos sentimos ante determinadas circunstancias y de la capacidad que tenemos de expresar nuestras emociones de una manera asertiva y no violenta.

Para conseguirlo podemos ayudarnos de varias herramientas prácticas que tienen que ver con cómo nos comunicamos, con cómo nos cuidamos y con nuestra capacidad para crear y cumplir acuerdos.

COMUNICACIÓN, CUIDADOS Y ACUERDOS

La comunicación es el medio a través del cual emitimos mensajes para hacernos entender por una tercera persona o receptor. Todo el mundo tiene algún tipo de comunicación, que puede ser oral, por lenguaje de signos o escrita. Además, solemos tener tipos de comunicación específica para expresar el afecto. Existen los lenguajes del amor culturales, como los regalos o los halagos, que son normas aceptadas socialmente para hacer que otras personas se sientan queridas. Pero también existen lenguajes del amor más personales, como cocinar para alguien o el contacto físico. Es decir, la comunicación del afecto tiene sus propias particularidades, y cada persona lo expresa de una manera distinta.

Una de las quejas más habituales cuando hablamos de cuidados en las relaciones es que, a veces, las muestras de cariño y el lenguaje del amor se van perdiendo a medida que avanza la relación, y empezamos a hablar solo de las cosas negativas. Es entonces cuando muchas veces la comunicación se empieza a complicar, y una o ambas partes se pueden sentir desatendidas. No ayuda que, en demasiadas ocasiones, cuando se comunican estas inseguridades, la respuesta sea que las cosas buenas se tienen que dar por hechas.

En las relaciones no hay que dar nada por sentado, no hay que pensar que el amor es incondicional y no hay que dejar de cuidar a la otra persona solo porque el tiempo haya pasado. Y podemos cuidarla a través de la comunicación. No es lo mismo decir que «a ver si friegas los platos de una vez, que siempre haces lo mismo» que «recuerda que tienes que fregar los platos cuando puedas. ¿Lo vas a hacer hoy o prefieres dejarlo para mañana?». Normalmente, lo primero lo vamos a recibir desde una posición defensiva, mientras que lo segundo es un recordatorio y nos puede ayudar a organizarnos.

Por eso, a la hora de comunicar conflictos, vamos a intentar tener en cuenta tres categorías que ya hemos mencionado antes a la hora de hablar sobre límites: qué, cómo y cuándo.

- **Qué:** hace referencia a qué es aquello que quiero transmitir; cuál es la acción que me ha molestado; cómo me siento al respecto, etc.
- **Cuándo:** se refiere a que pensaremos cuál es el mejor momento para hacer esa comunicación, primero a título personal («creo que necesito relajarme y procesar esto antes de hablarlo») y, segundo, reflexionaremos sobre cuándo lo recibirá mejor la otra persona; a lo mejor, si sacamos un tema importante en los cinco minutos que tiene por la mañana antes de irse a trabajar, no podremos resolverlo en ese momento. En muchas ocasiones, lo ideal es preguntar: «Oye, tengo que decirte algo referente a [lo que sea]. ¿Cuándo te vendría bien hablarlo?». De ese modo, a la otra persona tampoco la pilla por sorpresa y es más probable que exista una motivación a la hora de solucionar el conflicto.

- **Cómo:** este tercer punto es importante. Muchas veces no entendemos lo que nos dicen por las palabras que se usan, sino que lo entendemos por el tono. Esto es especialmente relevante en el caso de personas que han vivido situaciones de violencia, a las que escuchar un tono muy impositivo o agresivo les puede desencadenar irritabilidad, malestar, ansiedad o disociación. Sobre todo, cuando existe un miedo al rechazo o a los conflictos en general.

También puede ser útil evitar usar generalizaciones del tipo «siempre» o «nunca», y referirnos a situaciones específicas en su lugar. Además, es conveniente tratar de autorregularnos antes de dar el mensaje que queramos dar.

Relacionado con lo de no emitir solo mensajes negativos, podemos utilizar técnicas como la del sándwich, que se estructura de la siguiente manera:

1. Decir algo positivo («sé que te estás esforzando más en la limpieza últimamente»).
2. Expresar nuestra crítica específica («sin embargo, ayer cuando llegué, la cocina estaba hecha un desastre»).
3. Proponer un diálogo o soluciones («no sé si es que no te dio tiempo, pero la próxima vez avísame si no vas a poder para organizarlo de otro modo o echarte una mano si lo necesitas»).

De este modo, nos estamos expresando, pero no estamos atacando a la otra persona por aquello que nos ha molestado. Así es más probable que consigamos crear un espacio seguro de comunicación en vez de convertir cada conflicto en una batalla campal.

La asertividad es la herramienta general que podemos entrenar para comunicarnos de manera más eficaz y afectiva con nuestra red en general. No consiste en poner siempre buena cara y decir las cosas camufladas, sino en ser directas, expresarnos, marcar límites, pero respetando el espacio y las emociones de la otra persona.

Algo que me habría gustado saber antes sobre el «tenemos que hablar» en las relaciones es que no es algo negativo, puesto que las relaciones sanas se construyen sobre conversaciones incómodas. Cuando no nos atrevemos a sacar temas importantes por vergüenza, acabamos encarcelando una parte de nosotras que va a acabar saliendo en un momento u otro.

Existen muchas parejas que no se comunican. Cada parte dice lo que cree que la otra quiere escuchar, evitan el conflicto y solo se quieren centrar en las partes bonitas de la relación. Esas parejas no duran mucho. Es necesario hablar sobre lo que nos duele para poder valorar lo que nos hace felices.

Existen otro tipo de parejas, en el que una parte trata de comunicar y la otra no escucha. Estas dinámicas son especialmente dolorosas, porque cuando alguien intenta decirte algo, por lo general, es para solucionarlo, es porque le importa. Y cuando, de repente, esa persona, que antes proponía muchas conversaciones sobre la relación, comienza a dejar de hacerlo, podemos dar por hecho que se está cansando y distanciando cada vez más.

Hay muchas cosas que contar sobre este tema, pero no me quiero extender demasiado, así que voy a ir directamente a lo que nos puede ser útil para mejorar nuestra comunicación en las relaciones:

- Darnos el tiempo que necesitemos antes de plantear un tema. Hay muy pocas conversaciones que no puedan esperar veinticuatro horas.
- Utilizar «palabras de seguridad» para parar la conversación si una de las dos personas nota que se está desregulando.

En esos momentos podemos hacer alguna actividad juntos o por separado y proseguir más tarde con la conversación desde un estado de mayor tranquilidad.

- No creer que porque la otra persona no piense como nosotras ya es nuestra enemiga. A veces nos toca asumir que existen puntos irreconciliables, y no por ello es inviable que prosiga la relación (en otras ocasiones sí).

- Si notamos que, normalmente, cuando iniciamos una conversación, nos acabamos desviando del tema, llevar una lista escrita con los puntos clave que vamos a tratar nos ayudará a centrarnos en soluciones.

- Evitar crear un efecto «caja de Pandora» en las discusiones, en el que una vez que sale un tema, nunca se acaba resolviendo, porque salen muchos más, y por mucho que hablemos, siempre quedan cabos sueltos, que provocan que se siga acumulando tensión.

- Evitar la triangulación, es decir, utilizar a terceras personas (como una amistad, un familiar u otra de tus parejas) para comunicarte con una persona, en vez de hacerlo tú directamente. A veces, las mediaciones pueden ser útiles, pero, por lo general, será mejor afrontar la mayoría de los temas sin que otras personas puedan distorsionar el mensaje.

Al final, muchas veces se dice que del amor al odio hay un paso, pero yo no lo creo. Lo que sí hay son muchos pasos y muchos escalones de situaciones no resueltas.

Dejando a un lado la comunicación, los cuidados son otro jardín importante a la hora de gestionar cualquier tipo de relación. A muchos de nosotros se nos ha educado de una forma en que la mayoría de los cuidados materiales (casa, comida o educación) eran prioritarios, y los emocionales eran los grandes olvidados. Eso hace que, a la hora de tener nuestros propios vínculos como personas adultas, nos cueste identificar qué es un cuidado emocional, si lo podemos pedir o si es realmente una exageración.

Al final, el cuidado es todo aquello que otras personas pueden hacer por nosotras, y no es algo negativo pedir mientras sepamos aceptar un «no» como posible respuesta. Es decir, ¿puedo pedirle a mi pareja que sea más cariñosa conmigo por las mañanas? Claro. ¿Puedo pedirle que me avise cuando llegue a casa de fiesta para poder quedarme más tranquila? Por supuesto. El problema está en dar por sentado que la otra persona nos tiene que dar estos cuidados en vez de pedirlos y ser capaces de asumir que quizás no son factibles.

Por ejemplo, si yo suelo quedarme sin batería en el móvil cada dos por tres y estoy con alguien que espera como cuidado que estemos en contacto casi todo el rato, esa persona se puede sentir muy descuidada por mi «dejadez», y está en su derecho de decirme: «Oye, me gustaría que estuvieras más atenta al móvil porque a veces siento que hablo sola». Eso no significa que automáticamente yo tenga que cambiar eso, sino que ahí entramos en el terreno de la negociación. Igual es algo que ya había pensado («Vaya, tienes razón, yo también quiero estar más atenta y lo voy a intentar»). A lo mejor es algo que ni me había planteado («Entiendo que te sientas así, pero no me lo había planteado. Déjame pensar cómo podemos solucionarlo»). O quizás es algo a lo que me niego («Lo siento, pero no estoy dispuesta a estar más pendiente del móvil. Prefiero que quedemos y pasar tiempo de calidad juntas»). En cualquier caso, la persona que se siente insegura tiene derecho a expresarse y la otra tiene derecho a ceder o marcar los límites que considere necesarios; así es como conseguimos llegar a acuerdos que sean justos para todas las partes.

En algunas ocasiones, esos cuidados se podrán dar sin problema. Pero, en caso contrario, tenemos dos opciones: hacer la parte de gestión personal correspondiente o marcar un límite. Es decir, en la situación anterior, si la otra persona me dice que no está dispuesta a estar más atenta al móvil, puedo hacer balance y ver que eso no es tan importante en la relación, porque me compensa de otras maneras; puedo trabajar en gestionar yo esa parte para que no me afecte. Si veo que esto es imposible, que ese cuidado es fundamental para mí, el límite puede ser alejarme, bajar el nivel de expectativas o terminar con ese vínculo.

Además, existen dos tipos diferentes de peticiones de cuidados: las frías y las cálidas. Las primeras se refieren a las situaciones en las que necesitamos una respuesta lógica a un problema que tenemos, y las segundas, a aquellas en las que no necesitamos un confort desde la lógica, sino desde el afecto. Dicho de otro modo, un cuidado cálido puede ser validar una emoción, dar un abrazo o una caricia, o emitir un mensaje de apoyo. Por su parte, los cuidados fríos tienen más que ver con dar soluciones prácticas a problemas específicos. Una gran cantidad de conflictos se crean porque damos un cuidado frío ante situaciones que requieren uno cálido, por lo que la persona que lo recibe se siente cuestionada.

Para saber qué cuidados necesitamos nos viene bien el autoconocimiento. Y para saber qué cuidados necesitan las personas con las que nos relacionamos, lo más útil es preguntar directamente: «Oye, ¿qué es lo que necesitas?» o «¿Cómo quieres que te cuide si pasa esto en algún momento?».

Algunos cuidados se pactan de manera implícita, mientras que en otros necesitaremos llegar a un consenso y crear acuerdos. Estos acuerdos, para ser válidos, tienen que ser libres, conscientes, informados, flexibles y revisables. Libres porque la persona tiene que poder tomar la decisión que quiera sin estar sometida a ningún tipo de chantaje o coerción. La parte de conciencia se da cuando entendemos las implicaciones del acuerdo al que estamos llegando. La información es necesaria para que un acuerdo sea justo, porque si no tengo toda la información, mis decisiones pueden estar sesgadas. Por último, lo ideal es que también sean flexibles (es decir, que contemplen ciertas excepciones) y revisables, ya que nuestras necesidades y límites pueden ir cambiando a lo largo del tiempo y está bien que los acuerdos que establezcamos, sean relativos a cuidados o no, puedan adaptarse a ese cambio.

Obviamente, intentaremos ser honestas y crear acuerdos que podamos cumplir. Pero no está de más hablar sobre qué pasa si se rompen esos acuerdos y trazar un «plan de emergencia» para saber cómo reaccionar en caso de que suceda. Por ejemplo, si siempre me escribes cuando te vas de viaje, ¿qué consecuencia tendrá que no lo hagas alguna vez? ¿Simplemente me voy a sentir dolida? ¿Voy a dejar la relación por eso? Si tú no te das cuenta de que has roto el acuerdo, ¿te lo tengo que decir yo? Hablar de antemano sobre estos temas ayudará a evitar chantajes en un futuro y a ser más conscientes de cuáles son los límites de esos acuerdos.

Eso sí, cuidado con saturarnos con esta gestión. No podemos anticipar todas las situaciones que nos sucederán en la vida, no podemos tener acuerdos para todo, porque la vida es caótica y en todas las relaciones existe una parte de espontaneidad que va implícita en la intimidad.

Al final, tener en cuenta que la mayoría de las situaciones no son blancas o negras, y que nuestras necesidades cambian con el tiempo nos ayudará a crear acuerdos más fáciles de cumplir. Cuidar la manera de comunicarnos facilitará que esos acuerdos sean entendidos del mismo modo por todas las partes. Y tener presente que la responsabilidad afectiva requiere de cuidados también emocionales es una clave importante a la hora de sentir más confianza para dar y recibir afecto. Así que todas estas piezas van juntas como un rompecabezas cuando creamos relaciones de intimidad.

CELOS E INFIDELIDADES

En el punto anterior hemos abordado cómo crear acuerdos, qué tipo de comunicación es útil es nuestras relaciones y la importancia de los cuidados emocionales. Sin embargo, he omitido hablar de los cimientos sobre los que se construye eso, porque se merecía un punto aparte. Esa base es la confianza.

Los celos son el cajón de sastre de un montón de emociones que pueden ir desgastando la confianza en nuestros vínculos. Además, son un tercer acompañante indeseado en muchas relaciones.

Tienen que ver con sentirnos poco cuidadas, con sentirnos humilladas o traicionadas, con el miedo al abandono o con el hecho de ver a la otra persona como una posesión, entre otras cosas. Esto no significa que siempre sean negativos. Todas las emociones son útiles y están comunicando algo cuando aparecen; los celos también.

Por eso, el primer paso para entender los celos es tratar de averiguar qué forma tienen; meter el dedo en la llaga e identificar lo que nos está dañando. ¿Ha sido una situación específica? ¿Es una sensación que llevo teniendo desde hace un tiempo? ¿Creo que tiene más que ver con mi gestión de las emociones o con las acciones de mi pareja? Una vez que realicemos este ejercicio, pueden surgir distintos escenarios:

a. Identificamos claramente cuál es la fuente de nuestro malestar (por ejemplo, mi pareja ha estado mucho tiempo hablando con su ex en una fiesta y he sentido que me daba de lado).

b. Identificamos una situación que nos ha afectado, pero no es coherente con nuestra reacción emocional (por ejemplo, no me ha respondido al teléfono cuando le he llamado después de trabajar y eso ha hecho que piense que está con otra persona; me ha escrito a los diez minutos diciéndome que estaba en la ducha, pero aun así me siento fatal»).

c. No identifico en absoluto lo que pasa (por ejemplo, no ha pasado nada relevante, pero hoy no confío nada en esta persona).

En los primeros casos hay un detonante claro, existe un hecho que ha provocado una reacción emocional en nosotras. Entonces es más fácil procesar la información y tratar de buscar soluciones. Estas soluciones no tienen que ir necesariamente encaminadas a pedir un cambio a la otra persona («no quiero que vuelvas a ver a tu ex»), sino que van más encaminadas a pedir cuidados específicos y asumir la parte de gestión emocional que nos corresponda. Siguiendo el ejemplo anterior, podríamos comunicar: «Sé que podía haberme acercado a vosotros y unirme a la conversación sin problema, pero me sentí muy bloqueada. Si vuelve a pasar, voy a intentar llevarlo de otro modo, pero sí te pediría que fueras más cariñosa conmigo en esas situaciones, aunque sea venir, darme un beso e irte otra vez».

En los otros casos quizás necesitemos tirar un poco de arqueología emocional: ¿Cuáles son las capas de mis celos? ¿Me siento triste, enfadada, traicionada o frustrada? ¿Cuándo he comenzado a sentirme así? ¿Qué es lo que me da miedo?

Podemos escribir todo este proceso para verlo en un papel y tenerlo más claro. Y una vez que hayamos tomado conciencia del proceso, llega la parte de comunicarlo. Aquí suelen surgir muchas dudas respecto a cuándo es lícito o no hacerlo. En mi opinión, mientras que no estemos exigiendo cambios, no tenemos por qué evitar comunicar lo que sentimos, aunque sea por encima.

Es decir, a lo mejor acabo de conocer a alguien, solo llevamos unas semanas quedando, y justo un día que salgo sola con unas amigas, me lo encuentro con otra persona por ahí. Es lógico que pueda sentir celos en esa situación, pero ¿cómo lo abordo? ¿Voy y le tiro la copa por encima? ¿No digo nada y hago como si no lo hubiera visto? La primera reacción suele estar motivada por la impulsividad; realmente aún no sabemos nada de la situación, y es probable que nuestros acuerdos de exclusividad ni siquiera estén muy claros en ese momento, así que con eso solo voy a conseguir frustrarme más y sentir una traición que igual no existe. En el segundo supuesto es probable que nuestra confianza en esa persona se resienta y acabe causando tensiones de vez en cuando. Además, cuando no comunicamos las cosas, siempre acaban explotando por un lado o por otro.

Una respuesta intermedia puede ser no decir nada en ese momento, sino escribir a esa persona el día siguiente o cuando lo tengamos medio gestionado y decirle: «Disfruto mucho pasando tiempo contigo, pero ha sucedido algo que no sé muy bien cómo gestionar. ¿Te parece si quedamos y lo comentamos?». Después de esa petición, cuando quedemos, o nos comuniquemos por el medio que acordemos, ya podemos ser honestas con esa persona y clarificar los acuerdos que sean necesarios. Como hemos visto antes, intentar dirigir este discurso hacia nosotras, no culpar a la otra persona y escuchar lo que nos diga facilitará que podamos llegar a un punto en común. Este podría ser un ejemplo de ese tipo de conversación: «Quería hablar contigo porque el otro día, cuando salí con mis amigas, te vimos con una chica en un bar. Sé que no hemos hablado todavía sobre exclusividad, pero me sentí algo dolida, y aunque me cueste, quería hablar contigo sobre qué significa la relación y qué expectativas tienes».

Entiendo que da miedo sacar estos temas al principio de una relación, pero es mejor saber desde el primer momento que la confianza se genera desde la libertad, desde el dejar que la otra persona se exprese de manera honesta, y luego decidir si eso se alinea con nuestros valores o no. Cuando reprimimos, prohibimos o evitamos temas, la confianza se resiente y nuestra inseguridad empieza a crear pensamientos intrusivos sobre «lo que haría esa persona si tuviera la libertad para hacerlo». Bueno, deja que lo haga; si te hace daño, es que no es para ti. Además, en este tipo de conversaciones seremos capaces de descubrir si ese vínculo es alguien que nos valida y nos permite expresarnos o, por el contrario, evita esas situaciones, las ridiculiza o las minimiza, o las convierte en un ataque hacia nosotras.

Las maneras de expresar emociones como los celos o las inseguridades son muy variadas. Algunas personas las expresan desde el miedo al abandono («sé que, si pasa esto, me vas a dejar»), otras desde el enfado («no me puedo creer que me hagas esto a mí») y, en muchas ocasiones, aparecen enmascaradas como «bromas» o comentarios pasivo-agresivos, con el fin de ver la respuesta de la otra persona, pero sin ser claras del todo.

Al final, normalizar estas dinámicas acaba agotando a la persona que recibe esas demandas una y otra vez. Por eso, es importante la forma de comunicar estas situaciones, porque para poder buscar soluciones no podemos esperar que la otra persona limite su vida o nos regule en el plano emocional cada vez que nos sintamos inseguras. Esa parte del trabajo depende de nosotras. La otra parte nos puede apoyar y dar cuidados específicos, pero en los casos en que no ha existido una traición, la otra parte no es responsable de cómo nos sentimos. Y aunque haya existido una traición, tampoco será capaz de cambiar nuestras emociones y llevarse la inseguridad; solo nosotras tenemos ese poder. Por ejemplo, si siempre que me siento insegura le pido a la persona con la que estoy que me mande una foto, puede parecer algo bastante inocuo de entrada, pero ¿cuál es el problema? Que eso funciona como fumarse un cigarrillo, es decir, me calma en el momento, pero a la vez está alimentando que necesite ese estímulo para relajarme la próxima vez que me vuelva a sentir así.

Al igual que en las adicciones, en las conductas celosas se genera tolerancia. Lo que antes me calmaba ahora ya no es suficiente, y necesito más pruebas de que la persona me sigue queriendo, de que no me va a abandonar, etc. También se produce una especie de síndrome de abstinencia cuando no podemos pedir nada o cuando la otra persona no está disponible para nuestras demandas.

Es decir, que la otra parte me mande una foto me calmará durante un tiempo. Luego empezaré a pensar que hace las fotos en otros momentos y me las manda cuando quiere, y al desconfiar, voy a pedir más «pruebas de confianza», como que me mande su ubicación también o que me enseñe las conversaciones de su móvil. Si la persona cede, el nivel de control irá aumentando cada vez más. Si no cede, se producirán conflictos, y puede aparecer una gran desregulación emocional relacionada con el aspecto emocional primario de los celos de esa persona, que, como hemos comentado antes, pueden ser el miedo al abandono, el enfado, la posesividad, etc.

En este escenario, lo ideal es poder autorregularnos antes de retomar la conversación, porque es muy fácil que, inconscientemente, proyectemos los miedos o los resquemores que hemos tenido en el pasado en esta situación. Y desde ahí no podremos encontrar soluciones que nos funcionen en el presente, sino tan solo repetir los mismos patrones una y otra vez.

En algunas ocasiones, además, el miedo al abandono puede funcionar como una profecía autocumplida: tengo tanto miedo de que esta persona se aleje que intento estar siempre presente, intento controlar todo lo que pueda fallar, pero esto la acaba agobiando y se aleja, y esto retroalimenta mi miedo. Así que, si antes de la siguiente relación no me doy tiempo para sanar, con mis próximos vínculos estaré aún más hiperalerta y las conductas celosas pueden ir cada vez más en aumento.

Otro escenario muy distinto que condiciona cómo sentimos nuestros celos es que ya hayan existido situaciones previas en las que se haya roto la confianza, en las que una o ambas partes hayan roto acuerdos o límites, o hayan mentido respecto a algo relevante para la relación.

Y es que las infidelidades no solo tienen que ver con la parte de exclusividad, sino que son rupturas de acuerdos en la relación que se pueden producir en otros ámbitos. Por eso a veces es difícil saber dónde marcar la línea. Puede ser, por ejemplo, que tu vínculo haga un plan con otra persona que tú querías hacer, como ir de acampada, y que, aunque sepas que no va a pasar nada físico con esa tercera persona, te sientas traicionada emocionalmente.

Cuando estas situaciones, al no ser infidelidades normativas, se ocultan o se minimizan, nunca se suele llegar a un nivel de cuidados suficiente como para que las personas se sientan seguras. Una parte puede volverse extremadamente demandante en otras situaciones, y la otra parte, agobiarse al no entender el porqué. Por eso, hablar de lo que nos duele importa. Una vez más, eso no significa que le estemos pidiendo a la otra persona ningún cambio al respecto. Pero si lo reprimimos, podemos acabar explotando y excusando conductas de control («no vuelvas a ver a esta persona que me produce inseguridad») como una manera de regular nuestras emociones.

Además, existen distintos tipos de infidelidades, y no todas surgen de que la persona que engaña ya no quiera a su pareja o sea alguien terrible, lo cual es un estereotipo que hace bastante daño en estas situaciones, porque demoniza a las personas que cometen infidelidades, de modo que pocas veces se escucha lo que hay detrás.

- **Infidelidad por «zona gris».** En este caso, una parte se siente traicionada, pero la otra no siente que haya hecho nada negativo, porque ha sido un área que aún no estaba hablada. Por ejemplo, puede suceder que dos personas que llevaban unos meses quedando lleguen a un punto en el que una había asumido que existía exclusividad, mientras que la otra no. O que haya situaciones en que una persona considere que hacer *sexting* no es infidelidad, mientras que la otra considera que sí, pero nunca lo han hablado abiertamente.
- **Infidelidad por acuerdos mal planteados.** Para mí, estas son las infidelidades que tienen que ver con que una parte de la relación ha aceptado unos acuerdos que no van con ella. Es habitual verlo, por ejemplo, en personas no monógamas que han cedido a acuerdos de exclusividad muy cerrados, normalmente porque su pareja sí es monógama, y a la larga acaban incumpliendo esos acuerdos. Por eso, ser honestas desde el principio ayuda a que nuestros acuerdos sean más realistas y fáciles de cumplir para ambas partes.
- **Infidelidad por venganza anticipada.** En este caso, una de las dos partes asume que la otra la va a engañar, así que lo hace ella antes por si acaso. Suele darse en personas con bastantes conflictos de inseguridad, que han sufrido dinámicas o situaciones de traición previas, o que están acostumbradas a utilizar el juego celoso para comprobar cuáles son las reacciones de su pareja.
- **Infidelidad por normalización social.** Aunque estas situaciones pueden parecer un poco raras, son aquellas en que una persona engaña dentro de un espacio en el que

parece que está normalizado hacerlo (por ejemplo, durante una despedida de soltero o de soltera, durante unas vacaciones con amistades ajenas a la pareja, etc.). Muchas veces, la persona que lo hace le quita importancia más adelante, mientras que la otra lo vive como una traición independientemente del contexto.

- **Infidelidad por deseo de poder.** Se da cuando una de las personas considera que tener varias relaciones simultáneas le dota de cierto estatus o prestigio social. Por ello, cuando tiene relaciones monógamas, acaba engañando a su pareja para no perder esa sensación de poder.

- **Infidelidad por monotonía.** Este tipo es bastante habitual en relaciones largas. Se da cuando una de las partes de repente experimenta la energía de la nueva relación con una tercera persona y acaba rompiendo acuerdos que llevaba años cumpliendo. No tiene por qué llegar a nada físico; puede ser simplemente una persona con la que habla todos los días y se convierte en su confidente emocional. Además, se puede idealizar a esta tercera persona, al compararla con lo que tienes en tu relación actual. Normalmente sirve como un aviso de que algo en la relación principal no está yendo bien.

- **Infidelidad por castigo.** Aunque, por suerte, no es muy común, se da cuando una de las partes engaña a otra de manera premeditada e intencional, sabiendo que va a hacerle daño, como una forma de castigo hacia su pareja. Puede producirse porque la persona que engaña se ha sentido traicionada previamente, o simplemente como una manera muy desadaptativa de intentar ganar poder en las relaciones.

- **Infidelidad exprés.** Es aquella en que la ruptura de acuerdos se produce de manera muy impulsiva y dura muy poco tiempo. Puede consistir en darse un beso con una persona en una discoteca y arrepentirse inmediatamente y parar la situación, por ejemplo.

- **Infidelidad a largo plazo.** Este tipo es, probablemente, el que genera un duelo más complicado, ya que se trata de situaciones en que una de las partes engaña durante meses a la otra, y en muchas ocasiones, también a terceras o cuartas partes. La causa suele ser un miedo a dejar la relación principal, por el motivo que sea, que se acaba arrastrando demasiado en el tiempo, o unas no monogamias muy mal llevadas.

- **Infidelidad reactiva.** Por último, esta categoría incluye las situaciones de ruptura de acuerdos que se dan porque una de las partes vive una situación abusiva dentro de la relación. Este abuso puede ser emocional (tal vez sabe que la otra parte le engaña también habitualmente), psicológico (es alguien que le hace sentir como que no vale nada) o físico (aquí también se incluye toda la parte de violencia sexual). Una respuesta a este abuso, ante la incapacidad para dejar la relación, puede ser comenzar una relación con una tercera persona que se utiliza como punto de apoyo. Estas situaciones se suelen vivir con mucha culpa, y con un poco de alivio a la vez, sobre todo cuando este segundo vínculo nos ofrece un lugar seguro y no es otra relación abusiva. En algunas ocasiones supone un punto clave a la hora de decidir abandonar la relación principal. En otros casos, la culpa por haber sido infiel se convierte en un candado más de la jaula que nos mantiene dentro de esa relación abusiva.

Tras cualquiera de estos escenarios, la ruptura se propondrá como una opción. Y, en algunos casos, es lo mejor, ya que no conviene quedarse en relaciones en las que no hay confianza, en las que no conseguimos perdonar a la otra persona o en las que nuestras maneras de funcionar son completamente distintas. En otros casos se puede proponer redefinir acuerdos de la relación, marcar nuevos límites o intentar cambiar las expectativas que tenemos sobre la relación, porque igual no son realistas con lo que quiere la otra persona.

Si decidimos continuar con la relación, no puede ser desde el mismo punto en el que estábamos justo antes de que sucediera la infidelidad. Algo tiene que cambiar para asegurarnos de que ambas partes tienen todas las cartas encima de la mesa y no volverán a producirse esas situaciones; de lo contrario, la confianza se irá resintiendo.

Dicho esto, no podemos evitar que alguien que nos quiera engañar nos engañe. Por mucho control que tengamos, lo puede hacer. Por mucho que desconfiemos y que pidamos pruebas, puede encontrar la forma. Así que no merece la pena intentar estar siempre controlando algo que realmente no depende de nosotras.

Las relaciones son una prueba de confianza en este campo. Conozco casos en los que nadie podía sospechar que se estuviera produciendo una infidelidad y, sin embargo, estaba pasando. Después de eso, ¿merece la pena vivir el resto de tu vida desconfiando? Yo creo que no, porque vincularse y crear relaciones de intimidad es asumir que nos pueden hacer daño y aun así elegir confiar. Protegiéndonos por el camino, claro, en vez de confiar ciegamente. Sin embargo, al final siempre hay una parte de incertidumbre.

En muchas ocasiones, la persona con la que estamos carecerá de las herramientas necesarias para poder querernos bien, aunque tenga esa intención. En esas ocasiones nos encontramos con la parte menos bonita del amor propio: aquella en la que nos tenemos que alejar de personas que queremos y que nos quieren por el hecho de que no estamos conectando, de que nuestras expectativas son distintas o de que estamos en momentos vitales diferentes. En estos casos, los acuerdos, la comunicación y los cuidados nos servirán para tratar de recolocar ese vínculo en nuestra red afectiva antes de que la situación explote, aunque el resultado no siempre será el que nos gustaría.

Por eso, después de estas situaciones, solemos necesitar un tiempo para procesar lo que ha pasado, para intentar entender que no es culpa nuestra y para volver a crear unos cimientos de seguridad interna que nos permitan construir relaciones que no estén basadas en la creencia de que eso volverá a suceder inevitablemente, y que no nos tengan constantemente a la defensiva.

LA RED AFECTIVA

A lo largo del libro he mencionado en muchas ocasiones el término «red afectiva». Creo que ha llegado el momento de pararnos a analizarlo un poco más, porque tiene mucho que ver con la manera en la que gestionamos nuestras relaciones de intimidad.

Para empezar, se trata de un término que se acuñó dentro de las no monogamias, pero que sirve perfectamente para describir cómo se organizan nuestros afectos en cualquier tipo de modelo.

La red afectiva es como una tela de araña. Nosotras nos encontramos en su centro, y colocamos en ella a las personas importantes de nuestra vida. Damos un valor o ponemos una etiqueta a cada relación, que no tiene que ver con el modelo normativo (en el que, por ejemplo, tu madre tendría que ser una parte muy cercana en esa red), sino con nuestra realidad emocional.

Y esto es importante, porque en el modelo tradicional, las relaciones se dividen en cajones muy claros y definidos: pareja, amistades, familia, exparejas, etc. Y cada uno tiene ya un rol muy predeterminado que cumplir. Se da por hecho el valor de la relación. Sin embargo, en una red afectiva podemos tener tres tipos de vínculos: los afectivos (todos aquellos en los que hay una sensación de afecto mutuo), los románticos (cuando, aparte de afecto, hay un componente extra de cercanía emocional importante) y los sexuales (aquellos en los que existe una parte erótica en la relación). Por supuesto, una relación puede tener solo una de estas etiquetas, las dos o las tres, y estas pueden cambiar a medida que lo hacen nuestras necesidades en la relación.

Además, las redes afectivas no son simétricas a las de los demás. Es decir, tú puedes considerar a alguien como un vínculo muy cercano en esa red, sin saber cómo esa persona te coloca a ti en la suya, aunque lo ideal siempre es que exista cierta reciprocidad.

Este concepto supone una manera mucho más amplia y flexible de entender las relaciones, así como una forma de crear nuestra propia familia elegida, que son aquellas personas que, aunque no tengan una relación biológica con nosotras, están muy unidas a nosotras dentro de nuestra red. Al final, la familia son aquellas personas que te dan la sensación de sentirte en casa, de sentirte comprendida y de poder desconectar porque hay personas en las que confías alrededor. Por desgracia, este sentimiento muchas veces no se da con nuestra familia biológica, pero eso no significa que no exista en nuestra vida.

Por eso, en vez de sentir que nos come la soledad cuando uno de esos cajones tradicionales está vacío (no tengo buena relación con mi familia, no tengo pareja o no tengo un círculo estable de amistades), podemos pensar en qué vínculos sí tenemos y en qué papel desempeñan en nuestra vida. Esto también es útil a la hora de no dejar caer todo el peso de nuestras necesidades en una sola persona, sino aprender a repartirlo por nuestra red, porque muy pocas personas, por no decir nadie, serán capaces de estar ahí siempre que lo necesitemos.

La forma de esta red afectiva puede variar según nuestro modelo relacional. Hay personas con una red más jerárquica y otras que la construyen de manera completamente anárquica. Asimismo, puede tener tres puntos o puede tener treinta. Todas las formas son válidas, mientas que estén basadas en la premisa de que la persona del centro soy yo. Si el centro se lo estoy cediendo a otra persona y estoy descolocada, es probable que el resto de mi red también se descoloque y me sienta más lejos de esas personas.

Al final, este concepto nos ayuda a ser más conscientes de las relaciones que nos rodean y a colocarlas en el lugar que tienen, dependiendo de lo que nos aportan en cada momento, en vez de asumir que tienen un lugar determinado solo por llevar la etiqueta de «pareja», «amistad» o «familia». Existe una gran diversidad afectiva y relacional, como vamos a ver en el siguiente capítulo.

EJERCICIO: Dibuja tu red afectiva

Utiliza un folio en blanco para dibujar tu «polícula», que es la representación gráfica de tu red afectiva. Puedes empezar por dibujarte a ti en el centro (puedes escribir tu nombre, usar un color o hacer un dibujo de cualquier tipo). Ve colocando alrededor a las demás personas de tu vida. También puedes trazar líneas y poner etiquetas con palabras clave que definan qué significan para ti esas relaciones.

La clave está en poder hacer después un ejercicio de reflexión sobre la cantidad y la calidad de esos vínculos. Esto nos dice si el esfuerzo que invertimos en las relaciones es coherente con el lugar que ocupan en nuestra red. Por ejemplo, puedo estar dedicando mucho tiempo a intentar caerle bien a un compañero de trabajo que realmente no tiene un lugar cercano en mi vida en este momento, mientras desatiendo a vínculos más cercanos.

Resumen de los puntos clave

1. Cada persona es responsable de sus propias emociones.
2. En la responsabilidad afectiva asumimos que las acciones tienen consecuencias y que el hecho de no personalizar nos ayuda a comprender mejor las conductas de los demás.
3. Para poder construir relaciones sanas necesitamos tener conversaciones incómodas.
4. Los celos son el cajón de sastre de otras emociones. No son negativos, sino que lo negativo es pensar que son una muestra de amor, reprimirlos hasta que explotan o usarlos para justificar conductas de control.
5. Existen muchos tipos de infidelidades y no todos están causados por el hecho de que la persona que engaña ya no quiera a su pareja.

5

LAS RELACIONES MÁS
ALLÁ DE LA NORMA

En este capítulo nos centraremos en todo lo que no es normativo, ya que la gran mayoría de los libros sobre gestión emocional en la pareja se centran en las relaciones monógamas y heterosexuales, pero somos muchas las que no entramos en ese saco.

Que algo sea normativo no significa que sea «normal» en la sociedad, sino que es deseable socialmente. A veces se nos muestra una realidad distorsionada, de modo que podemos sentir vergüenza por el hecho de que nuestras relaciones no encajen con lo que nos han vendido como «el camino único y verdadero de la felicidad».

Se espera que encajemos en esta norma incluso aunque nos pueda suponer la salud mental o la vida. Si pensamos en que los adolescentes LGTBQIA+, por el hecho de no cumplir la norma de heterosexualidad establecida, tienen una probabilidad tres veces mayor de sentir inseguridad en la escuela, y más de la mitad de ellos han sido acosados por su identidad u orientación, incluso antes de poder definirse por sí mismos, nos damos cuenta de que ser diferente implica mucho sufrimiento emocional. Y como las opresiones son interseccionales, esto también se traslada a todo lo que se sale de la norma de algún modo, como tener más de una pareja a la vez, que tu estética o tu edad no se adecuen a lo esperado cuando hablas de tu vida sexual o que tengas cualquier tipo de enfermedad o divergencia funcional que pueda llegar a afectar a tus relaciones.

Por eso, necesitamos conocer lo que hay más allá de la realidad normativa, porque todo el mundo merece ser respetado, querido y celebrado, independientemente de su identidad, orientación o modelo relacional.

RELACIONARSE DE FORMA SANA FUERA DEL MUNDO CISHETERO

La cisheteronormatividad es una serie de ideas culturalmente aceptadas que dirigen los objetivos de nuestras relaciones hacia la escalera social. Por ello, para que se cumplan objetivos como la reproducción, se da por hecho que todas las parejas deben estar formadas por un hombre y una mujer, que además puedan y quieran tener hijos biológicos. Estos mitos sociales hacen que se invisibilicen todas las relaciones que no cumplen con esta norma y que se consideren las demás opciones como «secundarias», especialmente cuanto más cuestionan esta escalera social y sus objetivos premarcados.

Se acusa a los colectivos LGTBQIA+ de «corromper a la infancia para volver a todo el mundo *queer*», pero la verdad es que a nosotras nos han condicionado toda nuestra vida para ser personas cishetero y, aun así, aquí estamos. La información no transforma a nadie, sino que solo proporciona una libertad de elección que antes no existía.

Además, el hecho de que exista una gran diversidad fuera de lo tradicional y preestablecido no es que empiece a surgir ahora, sino que lleva años existiendo. De hecho, en algunas culturas de los pueblos amerindios de América del Norte podemos encontrar el término *two souls* («dos espíritus» o *berdache*), que hace referencia a las personas que tenían características tanto masculinas como femeninas. Es decir, esto no es nada nuevo, sino que simplemente estamos empezando a descubrir que no es tan raro ni negativo como creíamos. Aun así, a la hora de tener relaciones que se salen de la cisheteronormatividad, podemos encontrarnos con que los estereotipos de género suponen una barrera importante.

Por ejemplo, las parejas entre mujeres se han visto muy sexualizadas por la mayoría de los hombres heterosexuales, ya que poder conseguir dos mujeres a la vez es una especie de muestra de virilidad. Esto hace que las mujeres lesbianas y bisexuales nos enfrentemos a la vez al rechazo, a la fetichización y a las expectativas premarcadas sobre nuestros gustos sexuales. Por el contrario, los hombres bisexuales están completamente invisibilizados y se da por hecho que son «gais» en el armario. Es curioso cómo, en ambos casos, siempre se asume que, al final, quien de verdad te atrae son los hombres.

Los chicos homosexuales, a pesar de tener más visibilidad, tampoco lo tienen mucho más fácil. Aparte de ser tristemente habitual que sus primeras experiencias sean con hombres mucho mayores que ellos, también se tienen que enfrentar a ser reducidos a ser *top* o *bottom*; es decir, si eres la persona que ejerce la penetración o la que la recibe. Esto, aparte de ser terriblemente coitocéntrico y patriarcal, es también una asunción injusta, ya que la mayoría de las personas encontrarán placer en ambas situaciones. De hecho, no hay que ser un hombre homosexual para disfrutar del sexo anal, y este gusto no define para nada tus rasgos de personalidad.

Del mismo modo, a veces se reduce a las mujeres lesbianas a su expresión de género. Se considera que las *femme* (con una expresión más femenina), tienen más *heteropassing* que las mujeres *butch* (cuya expresión de género es más masculina): es decir, que se adaptan más a la norma porque «podrían pasar como heteros». Además, la falta de dinámicas fuera de las tradicionales a la hora de ligar también les genera dificultades, ya que muchas mujeres tienen miedo de acercarse a otras mujeres por si lo consideran invasivo; todas sabemos lo incómodo que es cuando nos pasa con algunos hombres, lo que provoca el estereotipo de que en las relaciones sáficas pasa mucho tiempo hasta que hay avances, aunque una vez que suceden, avanza todo muy rápido.

Las personas asexuales también se enfrentan a muchos prejuicios, en comparación con las personas alosexuales, que sí suelen sentir deseo sexual en sus relaciones románticas por norma general. Sin embargo, deconstruir los mitos alrededor de la sexualidad en las relaciones es útil para todo el mundo, ya que la violencia sexual y el coitocentrismo van de la mano.

El jardín es aún mayor cuando hablamos de temas de identidad de género, incluyendo a personas trans binarias y no binarias, que se tienen que enfrentar a ser juzgadas por sus decisiones, por su expresión de género o por su derecho a la intimidad.

Todos estos miedos y roles inducidos socialmente se pueden traducir en las relaciones en una evitación o en una sobrecompensación. ¿Qué significa esto en el contexto del mundo relacional? Que algunas personas evitarán a toda costa que se note su identidad u orientación. Por ejemplo, recuerdo el caso de un chico que llevaba tres años de relación con una chica de su pueblo. Cuando llevaban un tiempo, él en un momento determinado le dijo que era bisexual y que le gustaría tener experiencias con hombres, pero que le daba muchísima vergüenza. Ella le dijo que, a pesar de que le chocaba un poco, si quería, podían revisar sus acuerdos de exclusividad. Él dijo que no hacía falta, y el tema se quedó ahí. Sin embargo, de vez en cuando, él tenía aventuras homosexuales a espaldas de su pareja, a quien no le contaba lo que sucedía. Cuando ella se enteró, decidió romper la relación porque se sentía muy traicionada y él lo interpretó como un rechazo a su orientación sexual, por lo que a sus posteriores parejas nunca les dijo que no era hetero. Sin embargo, el motivo real fue la deshonestidad, la ruptura de acuerdos en la relación y el poner en riesgo la salud de su pareja al no utilizar ningún tipo de protección en sus relaciones con otras personas. Y él siguió haciéndolo, porque sentía que era el único modo de poder tener las experiencias que quería. La moraleja de este caso es que, si estamos construyendo una relación de intimidad con alguien, lo ideal es que seamos honestas a la hora de hablar sobre estos temas. Si la otra parte no lo acepta, tal vez no sea un lugar seguro para nosotras. Sin embargo, no podemos utilizar el rechazo como una excusa para no tener responsabilidad afectiva en nuestras relaciones.

El otro mecanismo de defensa que nos da la LGTBQIA+-fobia interiorizada es el defender excesivamente ciertos rasgos de nuestra identidad u orientación y hacer que nuestras relaciones giren en torno a ello. Por ejemplo, podemos pensar: «Como soy una mujer bisexual, para que mis parejas lo acepten mejor tengo que estar dispuesta a hacer tríos con ellos y otras mujeres, porque así convierto algo negativo en algo positivo». Este tipo de cogniciones suelen ser bastante inconscientes y automáticas, y hay que tener cuidado de que no se conviertan en un patrón a la hora de construir vínculos. Las consecuencias suelen ser, además, que después de estas experiencias de sobrecompensación nos sentimos vacías y nunca llegamos a sentir que nos ven por lo que de verdad somos.

También las mujeres trans pasan por esto, de modo que puede observarse una tendencia a buscar la hiperfeminidad y a prestarle mucha atención a su físico y a su estética. En cambio, en hombres trans se puede observar lo contrario: la inhibición de todo aquello que pueda resultar «femenino» y un intento de que sus expresiones y sus conductas sean siempre lo más masculinas (normativamente hablando) posible.

Si soy la persona cisheteronormativa de la relación, puede ser útil que reconozca si existen este tipo de pensamientos y ayude a mi pareja a detectarlos, haciéndole saber que no me debe nada, que tiene derecho a expresar su masculinidad y feminidad como quiera y que ni su orientación ni su identidad suponen algo negativo. Al final, la aceptación tiene que ver con la naturalidad. Una mujer cis y hetero puede decir que «esa mujer me parece muy atractiva» sin que se ponga en duda su orientación, pero si lo hace una mujer trans y hetero, puede enfrentarse a cierta transfobia. Todo lo que hacen las personas no normativas se juzga más y se analiza con lupa.

Por eso, en muchas ocasiones se hace difícil reconocer situaciones de violencia en relaciones formadas por personas no normativas; por ejemplo, en casos de violencia intragénero, que es la que se da entre personas que comparten el mismo género. No existe la misma concienciación que con otros tipos de violencia en la pareja. Está claro que su nivel de peligrosidad no es el mismo, ya que no existen al año más de cincuenta personas asesinadas a manos de sus parejas del mismo género, sino que tenemos mujeres asesinadas por hombres en la gran mayoría de los casos. Sin embargo, eso es la punta del iceberg, y si queremos erradicar ese tipo de violencia, tenemos que prestar atención también a los casos que todavía no han alcanzado esos niveles, y reconocer los patrones que acaban convirtiéndose en conductas de agresión con el tiempo. En este ámbito, las personas LGTBQIA+ nos enfrentamos a los mismos riesgos que otras personas a la hora de iniciar relaciones, especialmente con personas que tienen un privilegio sobre nosotras a causa de su normatividad.

Por eso, todas las herramientas expuestas en este libro sirven para todo tipo de relaciones. No solo las mujeres que se relacionan con hombres necesitan protegerse de la violencia y aprender a construir relaciones sanas.

He aquí algunas claves que nos pueden servir para empoderarnos a la hora de tener relaciones cuando somos personas no normativas:

- No ocultar nuestra identidad u orientación a la persona con la que estamos construyendo una relación de intimidad.
- Relacionarnos íntimamente solo con personas que respetan esa identidad u orientación, aunque todavía estén en proceso de deconstrucción.
  Tener claro que somos mucho más que cualquier etiqueta, ya que estas definen una parte de nuestra identidad, pero luego cada persona es distinta.
- No reproducir roles de género patriarcales ni mitos del amor romántico en nuestras relaciones. No los necesitamos para que estas sean válidas.

Por el otro lado, si formamos parte del espectro de la normatividad e iniciamos una relación con una persona LGTBQIA+, para ser responsables afectivamente nos puede resultar útil lo siguiente:

- Respetar sus decisiones respecto a quién contárselo y a quién no, cuándo y cómo hacerlo. Nunca «sacar a alguien del armario» sin su permiso.
- Utilizar los pronombres o el nombre que elija en vez de su *dead name*, en caso de ser personas que hayan decidido cambiarse el nombre.
- No asumir rasgos de su personalidad basándonos en su orientación o en su identidad.

- Entender nuestra posición de privilegio y lo que conlleva a la hora de gestionar determinados aspectos de la relación.

Por último, cabe resaltar la importancia que tiene la escucha activa de las vivencias de otras personas, aunque no sean similares a las nuestras, y tener diversidad en nuestros referentes para conseguir que nos aceptemos y nos queramos más.

LAS NO MONOGAMIAS

Las no monogamias éticas son el motivo principal por el que estoy escribiendo este libro, ya que para mí fueron la puerta de acceso a entender que era posible otro tipo de gestión de las relaciones. Se conocen informalmente como «poliamor», un término paraguas que se usa para definir todas aquellas relaciones en las que no existe exclusividad, o que no siguen la escalera social tradicional.

Existen muchos tipos, que veremos a continuación. Pero lo que es necesario entender para poder abordar este tema desde una mentalidad abierta y de aceptación es que está claro que las no monogamias no son para todo el mundo. Y no se trata de imponer eso, sino de naturalizar el hecho de que la monogamia tampoco es para todo el mundo, y somos muchas las que no nos sentimos cómodas dentro de ese modelo.

Al final, la manera en la que construimos nuestras relaciones es un constructo social. Nos han educado para pensar que el amor tiene una forma determinada y se vive a través de una serie de experiencias (como la exclusividad o la convivencia) que son necesarias para crear compromiso. Pero la realidad es que existen distintas formas de crear compromiso e intimidad que no tienen que ver con seguir esas expectativas sociales, sino que surgen de las necesidades emocionales de cada una de las partes que forman la relación.

Además, cuando tenemos afinidad con los modelos no monógamos, podemos sentir como una cárcel el hecho de estar en una relación sin estas características de flexibilidad y libertad individual, lo que puede acabar causando muchas situaciones de tensión y frustración.

Por eso, aquí las etiquetas a veces nos ayudan a poder definir cuál es el modelo con el que nos sentimos más identificadas, una vez que tenemos claro que la monogamia tradicional no cumple con ese rol.

- **Monogamia consciente.** Hay quien dice que ningún tipo de monogamia se puede considerar ética. Yo no estoy de acuerdo, ya que conozco a muchas personas no monógamas que durante épocas de su vida tienen relaciones de este tipo. En la monogamia consciente, las dos personas conocen los distintos modelos relacionales y han decidido, de forma consciente, tener acuerdos de exclusividad románticos y sexuales cerrados. Además, estos acuerdos son revisables en cualquier momento, lo que la diferencia enormemente de una monogamia tradicional.
- *Swinger.* Similar a la categoría anterior, ya que no se transgreden muchas normas sociales, pero tampoco se está dentro del modelo tradicional. Son aquellas relaciones en las que existe un acuerdo de exclusividad sexual abierto para determinadas situaciones, que normalmente pasan por asistir a eventos eróticos en pareja.
- **Relaciones abiertas.** Este modelo se está popularizando cada vez más. Se refiere a las parejas que tienen acuerdos románticos cerrados («solo nos vamos a querer entre nosotras») y acuerdos sexuales abiertos («podemos tener encuentros eróticos con otras personas»). Existe una jerarquía, de modo que los acuerdos que has adquirido con esa pareja están por encima de los que tienes con otras personas. Su

mayor conflicto se debe a que evitar la parte romántica es más difícil de lo que parece, lo que nos lleva al siguiente modelo.

- **Poliamor jerárquico.** Aquí ya tenemos una exclusividad abierta tanto en lo romántico como en lo erótico, aunque sigue existiendo una cierta jerarquía. Así, se da por hecho que, de querer subir en la escalera social (convivencia, matrimonio, crianza...), será con una persona en concreto. Además, los acuerdos que tienes con esa persona concreta determinan los que puedas formar con otras personas.

- **Poliamor no jerárquico.** En este tipo de modelos ya no existe una jerarquía entre los distintos vínculos, y esto es lo que lo diferencia del poliamor jerárquico. Todas las personas con las que tienes relaciones románticas y sexuales pueden ser jerárquicas en algunos momentos (le doy más prioridad a esta persona a la hora de hacer planes, tener en cuenta sus acuerdos, crear expectativas, etc.) y no serlo en otros, o se pueden mantener al mismo nivel. Dentro de esta categoría se incluyen, por ejemplo, las triejas, que son relaciones formadas por tres personas que a veces tienes acuerdos de exclusividad para no relacionarse con nadie fuera de esa red; a esto se le denomina «polifidelidad».

- **Polisoltería.** Es similar al poliamor no jerárquico, con la diferencia de que la persona siente que no le interesa formar ninguna relación estructurada, por lo que no tiene jerarquía entre sus vínculos; tampoco suele crear expectativas dentro de la escalera social ni tiene ningún tipo de exclusividad romántica o sexual.

- **Anarquía relacional.** Este modelo defiende que las relaciones no estén sometidas a un conjunto preexistente de categorías dictadas socialmente, es decir, evita establecer jerarquías o acuerdos basadas en lo normativo, y lo hace según las necesidades en cada momento. Al final, se basa en las ideas y los principios del anarquismo social, que rechaza cualquier autoritarismo y jerarquías, y en el ejercicio de la autogestión colectiva.

Podemos sentirnos identificadas con una de estas etiquetas, con varias o con ninguna, no pasa nada. Son categorías muy amplias y sirven sobre todo para cuando nos estamos empezando a autodefinir. Más adelante podemos sentir que se quedan un poco pequeñas.

Lo realmente importante de las no monogamias son los principios y los valores que hay detrás, que deberían existir en todas las relaciones afectivas, pero que parece que normalmente se pasan por alto. En el mundo poli son especialmente importantes porque contradicen muchos de los prejuicios que existen sobre estos modelos relacionales. Los principales serían los siguientes:

- **La información.** Todas las partes de la relación deben tener acceso a información válida y objetiva sobre los distintos modelos relacionales y lo que significan.
- **La consciencia.** Todas las partes de la relación deben estar en pleno uso consciente de sus facultades mentales para decidir su modelo relacional. Es decir, si lo decides después de haber consumido mucho alcohol, igual está bien repetir la conversación al día siguiente.
- **La libertad.** La decisión debe tomarse de forma libre, sin chantajes ni coacciones de por medio.
- **La honestidad.** Hay que ser honesta tanto con una misma como con el resto de las partes, que tienen derecho a conocer toda la información que les pueda ser relevante a la hora de tomar una decisión.
- **La flexibilidad.** Las personas cambiamos con el tiempo, y nuestros acuerdos pueden cambiar también. Tener esto en

cuenta es fundamental a la hora de plantear los principios de cualquier relación no monógama.

Al final, son relaciones que se intentan construir al máximo posible desde el compromiso y la confianza. Esto suele requerir bastante gestión personal por el camino, ya que muchas de las barreras que encontraremos no están tan relacionadas con los celos como la mayoría de la sociedad piensa, sino que tienen mucho más que ver con los mitos del amor romántico y con las cogniciones patriarcales que arrastramos a las relaciones, donde a veces asumimos nuestro rol de manera inconsciente.

Por ejemplo, es bastante común la crítica a las relaciones abiertas formadas por un hombre hetero y una mujer bisexual que buscan a otra chica bisexual para hacer tríos. Esto se llama «búsqueda de unicornio» y, en realidad, no tiene nada de negativo. El problema es que, en demasiadas ocasiones, el elemento principal de esa interacción gira en torno al placer masculino. Hay mujeres que se pueden ver un poco condicionadas a aceptar estas situaciones. Además, normalmente no se tiene en cuenta el componente emocional de la interacción, lo que a veces da lugar más adelante a malentendidos y tensiones. Es decir, son situaciones que, bien gestionadas, pueden suponer un acuerdo satisfactorio para todos los implicados, pero que a veces pueden ser un poco problemáticas si no se tienen en cuenta las necesidades de las distintas partes.

Otro ejemplo de este tipo serían las relaciones polimono o monopoli, aquellas en las que una parte es monógama y la otra no monógama. Aunque puede suponer un acuerdo muy útil para algunas personas, otras se pueden ver arrastradas a aceptar la parte «mono» debido a las inseguridades de su pareja, lo que crea una asimetría que no es del todo justa.

Hablando de simetría, hay que tener en cuenta que esta no siempre existe en los acuerdos no monógamos, y es justo que sea así mientras se ajuste a las necesidades de ambas personas. Por ejemplo, si soy una persona que necesita un tiempo para conocer a alguien y crear la confianza necesaria para poder tener un encuentro erótico, llegar al acuerdo de que «solo podemos quedar una vez con cada persona que nos atraiga» sería como capar la posibilidad real que se suceda algo. Mientras que si ambas personas disfrutan con la dinámica de ligar cuando van de fiesta y luego no crear un vínculo más allá con esas personas, puede ser un acuerdo válido.

Al final, los conflictos más habituales suelen tener que ver con eso, con lo mismo que en otros modelos relacionales: las dinámicas aprendidas y arrastradas, y la falta de herramientas de gestión emocional.

A lo mejor, una de las particularidades en la gestión es la relación con los metamores, que serían como las parejas de tus parejas. Cuando son personas que nos caen bien y tenemos confianza con ellas, la gestión es relativamente fácil, pero se complica mucho cuando son personas con las que no conectamos o de las que pensamos que tienen algún tipo de intención de sabotear nuestra relación.

En estos escenarios podemos llegar a tensar mucho la relación con nuestros vínculos, especialmente cuando nos responsabilizamos de sus emociones y anticipamos que la relación con esa tercera persona no acabará bien. Sin embargo, lo ideal es ser mínimamente responsables también con esas personas, e intervenir lo menos posible en cómo gestionen los demás sus vínculos.

Una emoción muy bonita que podemos llegar a sentir en estas ocasiones es la «compersión», que define el sentimiento de alegría que tenemos cuando vemos a alguien a quien queremos ser feliz con otra persona. No es lo opuesto a los celos (de hecho, se pueden dar a la vez), y aporta mucha paz y seguridad.

Leo (nombre ficticio), una persona no binaria, me contaba que su pareja iba a hacer su primer viaje de vacaciones con su nuevo vínculo. Habían abierto la relación hacía poco, y elle también tenía otro vínculo que iba a estar fuera de la ciudad esos días.

Sentía a la vez alegría por que su pareja fuera a vivir esa experiencia y muchas ganas de que la pudiera disfrutar, pero por otro lado sentía inseguridad, ya que creía que iba a sentir bastante soledad esos días y tenía miedo de que surgieran celos o de que proyectase eso en la pareja que estaba de viaje, porque no quería estropearle la experiencia.

Por un lado, Leo estaba sintiendo compersión y, por otro, miedo a la incertidumbre y al abandono. Esto es perfectamente normal. Lo ideal sería que organizara planes que le apetecieran durante esos días (como recolocar su habitación, ir al cine o quedar con alguna amistad) y, por otra parte, no era una locura que le expresase a sus parejas su inseguridad para que fueran conscientes y le dieran cuidados extra mientras estaban lejos.

Además, podía pactar de antemano el nivel de comunicación y decir: «Oye, me gustaría que pudiéramos sacar ratos para hablar por teléfono de vez en cuando», si creía que eso iba a aportarle seguridad. No hacía falta que le pidiera a ninguna de las dos personas que renunciara a sus planes por elle, ni tampoco que asumiera estar estos días sintiéndose fatal.

La gestión de las relaciones no monógamas es exactamente igual a la de las relaciones monógamas, pero con más vínculos. Y al igual que normalmente somos capaces de repartir nuestro tiempo y nuestro afecto entre familia, amistades y pareja, podemos hacerlo entre una red afectiva mucho más amplia.

Si al leer esto te estás preguntando si serías capaz de gestionar estas situaciones y lo ves completamente imposible, es posible que las no monogamias no sean para ti. Pero si lo estás leyendo desde la curiosidad y sintiendo que quizás tú podrías estar en esa situación, igual es un buen momento para revisar tu modelo relacional.

Al final, existe un debate importante sobre si ser una persona no monógama es identidad o elección. Para mí, es una mezcla entre ambas en cierto modo, y también existen niveles a la hora de sentirlo. Hay personas que se consideran monógamas y que no se ven capaces de plantearse otro modelo, mientras que existen otras que pueden tener relaciones poli en algún momento de sus vidas y que son tolerantes con los cambios en sus relaciones. Por otro lado, existen personas no monógamas que pueden optar por tener relaciones con exclusividad, y sentirse cómodas en ellas, mientras que, para otras, tener relaciones no monógamas no es una opción, sino la manera natural que tienen de relacionarse y que no pueden adaptar a un modelo más restrictivo.

Es decir, no existe una sola manera de vivirlo, por lo que es complicado crear normas generales al respecto. Lo ideal es entender que nuestras necesidades emocionales son más flexibles de lo que creemos y que pueden adaptarse a distintas situaciones e ir cambiando con el tiempo. Pero si no adaptamos las relaciones a esas necesidades, en vez de tratar de moldearlas para encajar en algo predefinido, acabará provocando que sintamos que no conectamos realmente con nuestras relaciones, que nos aburrimos de ellas o que no somos capaces de ser responsables afectivamente.

Y si estamos pensando que tal vez el modelo que habíamos elegido no va con nosotras, siempre estamos a tiempo de cambiarlo, independientemente de nuestra edad. La dificultad vendrá del tipo de entorno en el que vivamos y de los acuerdos que ya tengamos establecidos en nuestras relaciones. Si llevamos tiempo en una relación monógama, comunicar que eso ya no funciona suele ser un punto de inflexión, para bien o para mal, y depende mucho de cómo se plantee. A veces esperamos demasiado para hacerlo y no le damos tiempo a la otra persona a reaccionar.

Es decir, si sientes que la monogamia no se adecua a tus necesidades, no esperes a conocer a una tercera persona para decirle a tu pareja que pasa algo; comunícaselo ya. Desde la honestidad y la calma será más fácil crear acuerdos que cuando ya estés frustrada por la culpa que te puede producir estar teniendo un vínculo con una tercera persona (aunque en ese momento sea platónico).

Además, solemos asumir erróneamente que cuando quieres a alguien más, es porque tu pareja ya no es suficiente, como si tuviéramos una cantidad determinada de amor para repartir. Sin embargo, no tenemos cincuenta kilos a repartir en cantidades equitativas, sino que el amor no es cuantitativo y lo que sentimos por cada persona puede ser distinto y no anula ni minimiza lo que sentimos por las demás.

Sí es cierto que, al tener varios vínculos, a veces nos volvemos más exigentes y tratamos de detectar antes las dinámicas tóxicas de nuestras relaciones. Por ello, si partimos de una base que no es sana, a lo mejor las no monogamias nos hacen plantearnos lo que realmente nos aporta esa relación.

Cuando no tenemos ninguna pareja de base, pero nos gustaría plantear este modelo a nuestros futuros vínculos, lo ideal es hacerlo desde la naturalidad, ya que si es alguien que lo rechaza abiertamente, igual no nos interesa desde el primer momento tener una relación romántica con esa persona. El momento ideal para plantearse suele ser cuando empiezan a crearse expectativas sobre la relación. Es decir, si nos estamos conociendo de fiesta, a lo mejor no es el momento para hablarte de mi modelo relacional, pero igual la próxima vez que quedemos puede ser un tema que tantear.

Obviamente, tener relaciones de este tipo no convierte a nadie en experto en gestión emocional: también tendremos que estar atentas a las banderas rojas (las conocidas *red flags*, en inglés) habituales. Y es que las situaciones de abuso y violencia no son ajenas a estos modelos, sino que son comunes, especialmente aquellas que tienen que ver con la coacción, el chantaje o la justificación de conductas de irresponsabilidad, alegando que los límites son «restrictivos» o que «hay que fluir».

También lo son, por desgracia, las relacionadas con la violencia sexual, por lo que nunca está de más recordar que ni nuestra orientación ni nuestro deseo se define por nuestro modelo relacional. Nadie es menos poliamoroso porque no le gusten los tríos ni tiene vetadas las no monogamias por ser asexual. Al contrario, la parte afectiva en estas relaciones es superimportante y no debería pasar desapercibida.

Por último, algo que suele afectar bastante a quienes se están iniciando en las no monogamias es la pretensión de hacerlo todo perfecto y no cometer fallos en su gestión. Pero esto, amigas, es imposible. No hay una manera de ser una «perfecta» poliamorosa. Hay gente que lo tendrá más fácil para gestionar sus celos, mientras que para otras será una batalla diaria. Hay quien se sentirá muy cómoda conociendo a sus metamores y hay quien preferirá no coincidir con ellos...

Aprender a construir relaciones requiere autoconocimiento, pero también ensayo y error. Por eso, ser compasivas y pacientes con nosotras mismas es una parte fundamental del camino. Al final, es cierto que el poliamor no es para todo el mundo, pero la monogamia tampoco.

SEXUALIDAD NO NORMATIVA

La sexualidad es una parte importante en nuestra vida y en nuestras relaciones. Al igual que el amor, se ha visto moldeada socialmente por lo que se considera correcto y lo que no, lo que provoca que muchas veces no podamos disfrutarla ni vivirla libremente. Gran parte de las ideas preconcebidas sobre este tema provienen, ¡cómo no!, del patriarcado, que determina los roles que hay que adoptar: las mujeres deben ser sumisas y complacientes; los hombres deben ser viriles y siempre con ganas de sexo, y el resto de las identidades son inexistentes.

También hay estereotipos negativos acerca de la edad y el físico, que afectan a cómo nos percibimos sexualmente cuando no somos personas normativas, e incluso cuando lo somos. Dado que suelen establecerse unas expectativas tan irreales, prácticamente no se considera que nadie esté dentro de la norma.

Y es que estos cánones irreales de belleza no contemplan realidades como las personas gordas, viejas o racializadas, y cuando lo hacen, es en forma de burla o fetichización. De hecho, en la gran mayoría de películas y series, el noventa por ciento de los personajes que tienen encuentros eróticos son personas jóvenes y atractivas, normalmente un hombre y una mujer, y en el encuentro existe alguna forma de penetración, ya sea oral, vaginal o anal. Todo lo que se sale de ahí se ve como poco menos que una excentricidad.

La religión también tiene un peso importante en cómo vemos el sexo. Así, podemos llegar a vivir nuestra sexualidad con una carga de culpa, que a veces se convierte en represión, y otras, en sobrecompensación, como hemos visto antes.

Además, determinados sectores rechazan la educación sexual de calidad, por lo que la mayoría de niños y adolescentes no crecen con referentes sanos en este ámbito, sino que aprenden a través de lo que ven en su entorno, en los medios de comunicación y en internet.

También nos encontramos con que la edad de consumo de pornografía es cada vez más baja, debido al fácil acceso que tienen a ella los menores. Y consumirla cuando la capacidad de pensamiento crítico aún no está formada, puede hacer que las primeras relaciones durante la adolescencia estén condicionadas por estos aprendizajes. De hecho, asusta comprobar que la mayoría de las primeras experiencias sexuales de muchas personas son situaciones de abuso o violencia, que en muchas ocasiones no se reconocieron como tal en su momento.

Todo esto hace que cuando queremos descubrir lo que nos causa placer y lo que no, ya tengamos una mochila de expectativas detrás que nos dice: «Esto sí, esto no». Ni siquiera cuando entramos dentro de la norma lo tenemos siempre fácil. Pero ¿qué pasa cuando, además, estamos fuera de la norma?

Lo más habitual es que entonces sientas que se te juzga de tal modo que parece que tu personalidad queda reducida a eso, a lo que te gusta o no en la cama. Es decir, si eres una persona homosexual, te preguntarán constantemente cómo son tus relaciones eróticas y muchas veces te enfrentarás a una violencia indirecta en comentarios como «eso es vicio». Solo porque no es normativo.

Da rabia ver que esto acaba provocando que muchas personas vivan sus relaciones desde la vergüenza e intenten esconderse, mientras que otras personas que sí son normativas, pero que ejercen violencia en sus relaciones, pasan completamente desapercibidas.

Al final, no debemos olvidar que el punto clave de cualquier encuentro sexual no es llegar al orgasmo, sino que debería ser disfrutar y crear una conexión positiva en ese momento con la persona o las personas con las que te relacionas. Para ello, no hace falta solo consentir, sino también desear.

Es decir, al final, la clave para saber si una conducta sexual es sana o no depende de que tenga en cuenta el placer de la otra persona. Si estoy forzando a alguien a que me realice sexo oral, por muy normativo que sea, no deja de ser una conducta de violencia sexual, y probablemente habría que analizar qué ha pasado en mi desarrollo de la sexualidad para llegar a ese punto. En cambio, si estoy haciendo una orgía, a la que he ido de manera informada, consciente y libre, sabiendo que me puedo ir en cualquier momento y que el resto de las personas que están ahí lo hacen en las mismas condiciones, ¿por qué tiene eso que ser algo tóxico o negativo?

Sucede lo mismo con prácticas como el BDSM (siglas correspondientes a Bondage, Disciplina, Dominación, Sumisión, Sadismo y Masoquismo), es decir, juegos de rol eróticos que tienen que ver con la dominancia, la sumisión, el control de las situaciones y, en algunas ocasiones, la utilización de dolor con el fin de provocar placer. Todo ello de forma consentida y sin que afecte a otros ámbitos de la relación. Aunque ciertamente puedan existir personas que se aprovechen de estos espacios para abusar de su poder, en el BDSM siempre se exige que todas las partes hayan dado su consentimiento previo; también existen palabras de seguridad para cuando una de las personas quiera parar, las cuales se deben respetar en todo momento. Además, la gran mayoría de las prácticas se enfocan en los deseos de la persona sumisa, no de la dominante.

De la misma forma, el resto de los fetiches pueden ser una parte completamente deseable en las relaciones siempre que se basen en el respeto mutuo y que, para ambas personas (o las que participen), sea una experiencia positiva.

Solo cuando alguno de esos elementos de repente empieza a condicionar otros ámbitos de la vida de la persona, es recomendable buscar ayuda profesional, especialmente dentro del ámbito de la sexología, que es la rama de la psicología que se especializa en el estudio de la sexualidad humana.

Cuando somos personas trans, binarias o no binarias, hacer las paces con nuestra sexualidad va a veces de la mano de hacerlas con nuestro físico, ya que si, por ejemplo, somos mujeres hetero, pero todavía no hemos dado el paso de expresarlo y por ello nos relacionamos con hombres gais, podemos no llegar a disfrutar de estas experiencias o hacer que nos causen una desregulación emocional porque al final podemos sentir que no nos están deseando por lo que realmente somos, sino por la máscara que llevamos.

Del mismo modo, cuando tenemos otros tipos de dismorfia corporal (como la que se da en los trastornos de la alimentación), cambios muy exagerados (como los que se pueden producir durante el embarazo y la lactancia) o traumas relacionados con nuestro físico o con la violencia sexual, puede ser muy útil trabajar primero en aceptar nuestro cuerpo y nuestra sexualidad con el fin de poder establecer conexiones más sanas cuando nos relacionemos en el plano erótico con otras personas.

También las divergencias funcionales que afectan al físico, como algunas parálisis o amputaciones, pueden condicionar que no nos sintamos deseadas, o que tengamos conflictos en nuestra sexualidad. En este caso, ser conscientes de cuáles pueden ser nuestras limitaciones, si es que las hay, y aceptar que no tienen por qué condicionar que podamos tener una vida sexual satisfactoria es un proceso para el que puede ser útil tener una red de apoyo (grupos terapéuticos, asociaciones...). Especialmente cuando no hemos nacido con ello, sino que ha sido un cambio que se ha producido a causa de un accidente, ya que aquí el componente de trauma puede afectar a cómo nos autopercibimos en el plano sexual.

En resumen, podríamos decir que estas son algunas de las claves para la aceptación de nuestra sexualidad cuando esta no es normativa:

- Entender que la sexualidad cambia a lo largo de los años y que es lógico que no sintamos la misma atracción o deseo en un momento de nuestra vida que en otro. A veces, los procesos de gestión personal van primero, y podemos pasar algunas épocas de hipersexualidad.
- Cuidado con utilizar la sexualidad como una sobrecompensación, por encajar en algún ambiente determinado o por presión social. Acabaremos sintiéndonos insatisfechas y viviendo nuestras relaciones desde la inseguridad.
La masturbación es una aliada. Utilízala para conocer tu cuerpo y para saber lo que te gusta y lo que no.
- No tengas miedo de comunicarte antes, durante y después de tus relaciones eróticas. A tus parejas les servirá para saber qué te gusta y para poder conocer tus necesidades y límites.
- No somos deseables para todo el mundo, igual que a nosotras no nos atraen todas las personas. No merece la pena esforzarse por gustarle a personas que no van a celebrar nuestro cuerpo y nuestra sexualidad.
- La sexualidad va mucho más allá del coito y la penetración. El contacto físico o determinadas situaciones de intimidad pueden ser situaciones eróticas para muchas personas; no siempre tienen por qué llevar más allá.

En definitiva, todas tenemos derecho a explorar nuestro erotismo, a sentirnos libres de expresar nuestro deseo y a deconstruir las barreras que nos estén produciendo vergüenza y culpa a la hora de crear vínculos eróticos.

DISIDENCIA RELACIONAL

A lo largo de este capítulo he intentado transmitir la idea de que existe una gran cantidad de vivencias diferentes alrededor del afecto y la sexualidad, y que el hecho de pensar que solo existe una manera válida de construir relaciones sanas peca de ser excesivamente reduccionista.

Además, la norma social impuesta que dicta que si no aspiramos a casarnos y tener hijos, significa que nadie nos va a querer, porque eso es lo que todo el mundo espera de nosotras, es terriblemente dañina y crea una realidad distorsionada que provoca que muchas personas no se sientan dignas de ser amadas.

Vivimos en una sociedad que nos deja muy poco espacio para otra cosa que no sea producir, que nos quiere cansadas, esclavizadas, atadas y (a ser posible) medicadas. Por eso, intentar desjerarquizar los afectos y construir relaciones sanas es casi revolucionario.

Voy un poco más allá: si no soy capaz de comunicarme con mi pareja para cambiar un modelo relacional que no me está funcionando, ¿cómo voy a plantearme hablar con mi jefe sobre una situación que me resulte injusta? Al capitalismo le interesa que no tengamos herramientas de gestión emocional y que sintamos que todas nuestras necesidades son una carga para los demás. Por eso, la disidencia relacional dice que ya vale de roles predefinidos en las relaciones, que no pueden convertirse en algo más que nos esclavice dentro de un mundo que ya es bastante hostil, sino que necesitan ser puntos de apoyo, redes de seguridad donde poder cobijarnos cuando lo necesitemos.

Lo no normativo es lo más normal del mundo. Cada vez vamos a avanzar hacia modelos más amplios en el plano relacional, que distan mucho del estereotipo de familia nuclear que se ha vendido como ideal durante todo el siglo xx.

Así que, o formamos parte del cambio y de la deconstrucción, o nos acomodamos en el tradicionalismo, pero siendo conscientes de que este tradicionalismo provoca que la violencia y la culpa sean unas compañeras más en nuestro camino.

Y es que para crear vínculos sanos no necesitamos buscar las normas fuera, sino mirar hacia dentro, ver qué es lo que realmente nos funciona y buscarlo, existan o no etiquetas para ello. Puedes definirlo como «algo bonito» si es una etiqueta relacional que te funciona. ¿Qué más da?

Pero si nos intentamos amoldar a las normas de los demás, solo vamos a construir relaciones que les funcionen a los otros, no a nosotras.

EJERCICIO: Explora tu género y tu identidad

En la siguiente tabla puedes apuntar cómo te sientes en cada ámbito, y también compararlo con cómo te identificabas en distintas épocas de tu vida. Así sabrás si es algo que ha fluctuado, que has reprimido o que ha evolucionado de una manera que no esperabas.

SEXO	GÉNERO	EXPRESIÓN DE GÉNERO	ORIENTACIÓN SEXUAL	ORIENTACIÓN ROMÁNTICA	MODELO RELACIONAL
Cuál es mi sexo asignado: hombre o mujer	Cuál es el género con el que me identifico: mujer, no binario, hombre, otras opciones...	Cómo me siento segura a la hora de expresarme: de manera masculina, femenina, andrógina, depende del día...	Esto define hacia dónde se dirige mi deseo. Puedo ser: heterosexual, homosexual, bisexual, pansexual, asexual...	Hacia dónde se dirigen nuestros intereses románticos, porque a veces son igual que la categoría anterior y otras no. Puedo definirme como homorromántico, heterorromántico, birromántico, panromántico o arromántico...	Cuál es el modelo con el que más me identifico ahora mismo: monogamia (tradicional o consciente) o no monogamia (de qué tipo)

Resumen de los puntos clave

1. El colectivo LGTBQIA+ es mucho más que *love is love*.
2. Existen muchas maneras válidas de relacionarse fuera del modelo cishetero y monógamo.
3. Las no monogamias se basan en la información, la conciencia, la libertad, la honestidad y el compromiso.

4. La sexualidad también está condicionada por ciertas expectativas sociales, que es sano deconstruir para saber de qué disfrutamos realmente.
5. La aceptación de nuestra identidad y de nuestras necesidades es el camino para construir relaciones de intimidad sanas.

6
CUANDO EL AMOR SE ACABA
O SE TRANSFORMA

En este último capítulo abordaremos la parte más complicada de muchas relaciones: el final. Cómo saber cuándo terminar una relación o cómo hacerlo es una de las cuestiones que solemos alargar hasta que es demasiado tarde, porque no solemos tener herramientas que nos permitan desvincularnos de forma sana.

A veces las rupturas son actos de amor, tanto hacia una misma como hacia la otra persona, e irse es la única manera de poder avanzar. Por ese motivo, me parece importante hablar sobre ello, y sobre el dolor de la pérdida, no desde la idealización o desde la evitación, sino intentando verlo de una manera constructiva.

Existen muchos tipos de despedidas. Algunas son simplemente una recolocación en la red afectiva, otras son temporales y algunas son permanentes. Todas suponen pasar por un duelo, no solo hacia la persona de la que tomamos distancia, sino también hacia todo lo que rodeaba esa relación. Por eso se hace cuesta arriba, y por eso existen tantas canciones, películas y series sobre el desamor, porque es muy fácil obsesionarse con los pequeños detalles y no ser capaz de procesar la situación o de decir adiós a tiempo.

En estas últimas páginas intentaremos profundizar en cómo sobrellevar estas situaciones, cómo reconocer y validar el dolor, y cuándo es el momento de irnos de determinadas relaciones que ya no funcionan.

CUANDO LA RELACIÓN NO FUNCIONA: DESVINCULARSE CON AMOR

A veces, las relaciones dejan de funcionar poco a poco. Otras veces sucede algo que las dinamita de golpe.. Y otras veces nunca han funcionado, aunque nos hayamos engañado creyendo que sí lo hacían.

Saber cuándo abandonar el barco tiene mucho que ver con nuestras expectativas, así como con el compromiso y las ataduras que tengamos. No siempre es un paso fácil. Sobre todo porque nos enfrentamos a la incertidumbre de lo que hay después, y a veces preferimos malo conocido que bueno por conocer, como dice el dicho.

En todas las relaciones vamos a tener momentos de duda, van a existir conflictos y nos vamos a sentir desencantadas en determinadas ocasiones. Construir una vida en común no es nada fácil. Pero eso no significa que tengamos que huir a la primera dificultad.

Como hemos visto, existen muchas herramientas que nos permiten forjar nuestros vínculos de una manera más adecuada a nuestras necesidades, cambiar acuerdos que no nos funcionan o marcar límites que nos hagan sentir más seguras. Sin embargo, en algunas ocasiones, todo esto no es suficiente y en la balanza de lo bueno y lo malo empiezan a pesar más las cargas, los rencores o la insatisfacción. En estas ocasiones solemos plantearnos realmente abandonar.

El problema es que el modelo tradicional es muy duro a la hora de abandonar relaciones románticas, porque, como están instrumentalizadas, parece que, al no haber cumplido su fin de durar para toda la vida, significa que no han sido lo suficientemente buenas. De hecho, existe la creencia generalizada de que el «para siempre» es sinónimo de éxito, algo que me gustaría cuestionar. ¿De verdad es más exitosa una relación que dura mientras las dos personas quieren irse o una en la que cuando ya ninguna de las dos es feliz, deciden dejarlo y seguir otros caminos?

Además, existe un modelo muy extendido que es la monogamia en serie, por lo que, si dejo a una persona, pronto será sustituida por otra que ocupe su mismo lugar en la red afectiva, así que la primera ya no tiene valor para nosotras.

Se demoniza la figura de las exparejas, y parece que hay que odiar a alguien para decidir que no queremos tener una relación con esa persona. Esto supone un problema cuando nuestra pareja nos parece una persona maravillosa, pero con la que ya no estamos conectadas como antes.

En estas ocasiones, más que una ruptura, lo ideal es proponer una recolocación del vínculo, porque a veces nos quedamos en acuerdos relacionales que no nos funcionan con tal de no perder a alguien a quien queremos.

Recuerdo el caso de una pareja que cuando comenzaron a vivir juntas, empezaron a tener muchos problemas. Cuando estaban por separado, la relación era idílica, pero la convivencia la convirtió en una batalla campal.

Después de un año de discusiones y cesiones por ambas partes, se sentaron a hablar un día y se dieron cuenta de que las cosas no podían seguir así, porque se estaban guardando rencor por todo, discutían casi a diario y habían perdido todo el tiempo de calidad que antes pasaban juntas, y que ahora vivían como rutina y monotonía.

Así que decidieron volver a mudarse por separado y conservar la relación. Una de ellas se fue a vivir con su mejor amiga, con la que tenía una convivencia estupenda, y la otra se buscó un piso para vivir ella sola. Volvieron a verse una o dos veces por semana, a irse de viaje juntas en vacaciones y a quedar solo cuando les apetecía verse. Dejaron atrás los conflictos de la convivencia y volvieron a disfrutar de su relación. De momento, cinco años después, continúan estando juntas.

A veces, cambiar acuerdos que se dan por hechos en las relaciones y adaptarlos a nosotras nos ayuda a avanzar. Una herramienta bastante conocida que se utiliza en estas ocasiones, cuando no tenemos muy claro qué está funcionando y qué no en la relación, es «pedir un tiempo», que básicamente consiste en dejar la relación en pausa hasta que una o ambas personas decidan el rumbo que quieran seguir. Este tiempo de reflexión puede ser muy útil cuando realmente se utiliza para hacer el trabajo personal primero y luego volver a enfocarse en la relación después de una racha complicada. En otras ocasiones se trata de una excusa para retrasar el final de la relación, o para permitir tener faltas de responsabilidad afectiva.

Por eso, si pensamos que estamos en un punto en el que necesitamos dar un paso atrás para saber qué hacer, lo ideal es tener en cuenta las siguientes bases:

- Establecer un tiempo aproximado (dos semanas, un mes...) tras el cual se volverán a hablar las cosas.
- Consensuar cómo quedan los acuerdos de exclusividad durante ese período de tiempo.
- Hablar sobre cómo gestionar la información (cada cuánto hablaremos y sobre qué temas), la gestión del tiempo (si nos vamos a ver o no, en qué situaciones, cada cuánto...) y otras cuestiones prácticas.
- Definir cuáles son los objetivos que se gestionarán durante ese tiempo (por ejemplo, «me siento muy dolida después

de esta infidelidad y necesito sanar esto antes de decidir si quiero volver a confiar en ti o no»).

Así podremos reducir el nivel de incertidumbre y centrarnos en nuestros objetivos. Además, es la manera de que ambas partes puedan ser honestas respecto a cómo se sienten y puedan ver las dinámicas de la relación con algo de distancia.

Cuando ninguna de estas herramientas funciona, encontraremos fundamentalmente dos escenarios: ambos quieren dejarlo o una persona quiere dejarlo y la otra no.

Cuando ambos queremos dejarlo, puede ser más sencillo asumir que simplemente no ha funcionado y seguir adelante. Aun así, se pueden presentar dificultades a la hora de desvincularse, ya que muchas veces se intenta seguir manteniendo el contacto habitual sin dejar un período de enfriamiento (es decir, sin poner distancia física y emocional), y esto puede complicar el proceso de duelo.

Por el otro lado, cuando uno quiere dejarlo y otro no, la gestión dependerá de nuestro rol en esa ruptura. Si somos la persona que quiere dejarlo, es probable que sintamos culpa por no querer seguir, cierto alivio por haber tomado la decisión, miedo por cómo va a reaccionar y también por cómo nos vamos a sentir después...

Es habitual preguntarse si, más adelante, añorarás la relación, y la respuesta es que probablemente sí. Al final es una persona con la que has pasado un tiempo de tu vida y es lógico que en un futuro eches de menos algunas cosas de la relación, pero eso no significa que debas quedarte.

Del mismo modo, podemos sentirnos avergonzadas por las decisiones que hemos tomado y por las expectativas que habíamos creado, que ahora vemos como completamente irreales. Aquí nunca está de más recordar que cada una toma las decisiones con la información que tiene en el momento; así que está bien cambiar de opinión una vez que tenemos más información, pero no debemos culparnos por lo que no sabíamos en el pasado.

Además, nos toca asumir la responsabilidad de esa decisión e intentar ser lo más responsables posible a la hora de comunicarla. Si lo retrasamos mucho, podemos hacerle un daño innecesario a la otra persona, o avanzar hasta un punto en que la situación explote y el distanciamiento sea después total.

Si lo que queremos es conservar a esa persona en nuestra vida de una manera u otra, nos tocará armarnos de valor y ser honestas. Lo ideal es buscar el momento adecuado, pero sabiendo que no hay ningún momento perfecto ni en el que tu pareja no vaya a tener ninguna preocupación más aparte de este tema.

Cuando nos lo callamos con la excusa de «no quiero hacer daño a esta persona», realmente no estamos cuidando a la otra persona, sino que nos estamos protegiendo nosotras de asumir las consecuencias de nuestras decisiones o de nuestras acciones.

A su vez, nos tocará entender las reacciones de la otra persona y lo que decida hacer con el vínculo a partir de ese momento. Con suerte se podrán encontrar puntos en común, pero en algunas ocasiones nos estamos exponiendo a que nuestra (ex) pareja se quede fuera de nuestras vidas, temporal o permanentemente.

También pasaremos por momentos en que lo cuestionaremos todo después de tomar la decisión; nos plantearemos si estamos locas o si realmente es una opción válida. Aquí, contar con el apoyo de nuestra red afectiva y tener a alguien con quien poder hablar del tema será fundamental para poder validarnos.

Cuando somos la persona a la que dejan, podemos sentir que el mundo se nos cae encima, especialmente si no nos lo esperábamos. La primera reacción suele ser el estupor o la negociación, es decir, o me quedo completamente bloqueada sin saber qué decir, o intento buscar soluciones de forma desesperada.

Además, los primeros días después de una pérdida así podemos sentirnos completamente apáticas y desmotivadas, o, por el contrario, muy activadas emocionalmente. Validar estas emociones y entender de dónde vienen, como veremos más adelante al hablar del duelo, nos ayudará a poder gestionarlas sin que nos supongan unas consecuencias muy extremas.

Otro aspecto psicológico que cabe gestionar se relaciona con el miedo al rechazo y al abandono, que puede aparecer de manera muy intensa en estas situaciones y dominar nuestros pensamientos, lo cual provoca que interioricemos esa ruptura desde la culpa y la desesperanza: «No soy suficiente», «Nadie me querrá nunca», «Todos consiguen lo que quieren menos yo», etc. Y dependiendo del tipo de ruptura, este sentimiento se puede ver más o menos reforzado:

- **Rupturas por traición.** Cuando ha existido una infidelidad o cualquier tipo de ruptura de acuerdos, podemos ver muy potenciadas las cogniciones que minan nuestra autoestima, las comparaciones con otras personas o los sentimientos de rabia contra la otra persona.
- **Rupturas por distanciamiento.** Se dan cuando llevábamos un tiempo sospechando que la otra persona quería dejar la relación, porque se ha ido alejando emocionalmente poco a poco, pero no teníamos pruebas hasta ese momento. Provoca que nos sintamos abandonadas y, a veces, que nos culpemos por haber invertido tiempo y esfuerzo en algo que ya veíamos que no iba a durar (aunque claro, culparnos de esto a posteriori es muy fácil).
- **Rupturas secas.** Nadie se lo esperaba, pero ha pasado. No había señales que lo anticiparan y, de repente, una de las

personas se muestra muy decidida a terminar con la relación. Es probable que la otra parte sienta confusión, enfado y algo de saturación por todo lo que tiene que gestionar de golpe.

Los buenos tratos en estas situaciones tienen que ver con dejar a cada persona el espacio que necesite para procesar esa nueva situación, crear nuevos acuerdos y no dejarlo todo a la incertidumbre. También tienen que ver con tratar de entender que porque no funcione en ese momento, no significa que nunca lo haya hecho.

Podemos plantearnos el autoconocimiento desde preguntas como «¿por qué ya no funciona esta relación?», «si cambiara algo, ¿podría funcionar?», «¿es factible que se produzca ese cambio?», «¿cómo me siento respecto a esta decisión?», «¿qué me ha aportado esta relación?», «¿con qué me puedo quedar de eso?», etc.

Es sano agradecer todo lo que hemos vivido en esa etapa junto a esa persona y quedarnos con lo bonito para poder afrontar la despedida desde el afecto y no desde la represión o la culpa.

POR QUÉ NOS QUEDAMOS: MIEDO A LA SOLEDAD Y MITOS DEL AMOR ROMÁNTICO

En el apartado anterior hemos hablado de la parte más práctica de las rupturas. En esta sección me interesa profundizar en la parte más cognitiva y emocional, porque una cosa es saber que una relación no funciona y otra muy distinta, dar el paso de abandonarla.

Cuando notamos que nuestro amor romántico por la otra persona ya no es el que era, es habitual entrar en una crisis personal. Nuestro estilo de apego desempeñará un papel importante a la hora de definir nuestra respuesta.

Desde el apego seguro nos permitiremos cuestionarnos estas emociones, siendo flexibles con nuestras expectativas. Y nos resultará más fácil comunicar estos cambios a nuestra pareja y buscar soluciones.

Desde el apego evitativo existen dos opciones: o bien ignoramos completamente esas emociones y continuamos en la relación sin cambiar nada, o bien la abandonamos a la primera oportunidad que tengamos, sin dar muchas explicaciones y sin querer tener más adelante contacto con esa persona.

¿Y desde el apego ambivalente? En estos casos es probable que estas emociones nos supongan un gran cuestionamiento interno. Podemos culparnos por ellas y sobrecompensar idealizando a la otra persona, aunque esto explote de vez en cuando y cree conflictos o incluso una dinámica de dejarlo y volver constantemente.

Por último, desde la desorganización podemos simplemente desaparecer y no avisar a la otra persona, o bien culparla de que ya no nos sintamos como antes, lo que puede provocar conductas de reproche o castigos.

A veces también podemos pasar el duelo durante la relación, ya que sabemos que queremos romper con ese vínculo y estamos semanas o meses pensando y preparándonos para ello, hasta que, cuando finalmente lo hacemos, la otra persona tiene la sensación de que nos desvinculamos y seguimos con nuestras vidas «muy rápido». Esto es porque, en realidad, ya hemos pasado por todas las fases del duelo antes de la ruptura. Este tipo de rupturas son muy dolorosas para quien las recibe, especialmente si no han existido avisos previos de que el vínculo se estaba resintiendo. Causarán una gran confusión al principio y una sensación de incredulidad, y durante un tiempo podemos llegar a pensar que es algo temporal, que la otra persona va a volver.

En estos casos, es probable que no pasemos por el duelo hasta que veamos que nuestra expareja tiene un nuevo vínculo o continúa con su vida de alguna manera. Y durante este tiempo podemos tener muchas conductas de control, como mirar sus redes sociales o estar muy atentas a todo lo que hace y dice. El motivo es que intentamos darle sentido a la pérdida, así como buscar «pruebas» que sean coherentes con nuestras cogniciones en ese momento. Podemos tratar de averiguar si ya estaba con otra persona antes de dejarlo, confirmar que nos sigue queriendo u obsesionarnos con aspectos de los que ya no somos responsables ni partícipes (¿estará consumiendo drogas?, ¿ha vuelto a hablar con esa persona?).

Una vez más, los mitos del amor romántico nos hacen mucho daño. Si pensamos que solo existe una persona en el mundo con quien ser felices, ¿cómo no vamos a sufrir cuando creemos que la hemos perdido?

Entender que no conocemos todavía a todas las personas a las que vamos a querer, ni a las que nos van a querer a nosotras, es algo revolucionario en el plano emocional. Si nos anclamos en el pensamiento de «ya está, he perdido a la única persona que me podía amar por como soy», nos resultará muy difícil no acabar cediendo para mantener la relación, aceptar esa pérdida o incluso no acosar a nuestra expareja para volver.

También, como hemos mencionado antes, tenemos la concepción del «para siempre» como sinónimo de éxito, por lo que interpretamos las rupturas como un fracaso, aunque en realidad no lo sean. El fracaso es quedarnos en un sitio donde no somos felices. Es como si trabajas en marketing en Madrid durante cinco años, ganando una pasta, y de repente lo dejas y te vas a una pequeña empresa de tu pueblo. La gente suele pensar que «no has triunfado», pensando que, al no ser algo para lo que has sacrificado toda tu vida, es que no iba bien o no era tan importante. Esta es la base de que a veces nos atemos a situaciones que antes nos hacían felices pero ya no. Pasa en el trabajo, en las amistades, en las relaciones de pareja... Parece que si no dura muchos años, es que no era lo bastante bueno, cuando a lo mejor dejar un trabajo que te quita salud mental es un éxito, y abandonar una relación en la que no puedes ser tú es otro éxito. Saber reconocer cuándo estábamos equivocadas o cuándo una decisión nos ha funcionado solo durante un tiempo está muy lejos de ser el fracaso que nos hacen creer que es.

Además, especialmente el amor, no dura para siempre manteniendo la misma forma. Varía, cambia, se descompone para volver a recolocarse infinidad de veces a lo largo de los años. Cada vez que vemos una reacción que no entendemos de la otra persona, o que una expectativa no se cumple, el amor de readapta (o no) a esas circunstancias.

Ser conscientes de esas variaciones, y validarlas en el plano emocional, nos resulta muy útil a la hora de construir acuerdos que funcionen. Es decir, no es malo plantearnos si queremos a nuestra pareja igual que antes. Planteártelo no significa que no la quieras, sino que nuestros vínculos de afecto evolucionan a la vez que lo hacemos nosotras.

A veces, ese cambio será algo pasajero, e igual ni siquiera es necesario cambiar acuerdos, sino tan solo hacer un poco de trabajo personal. En cambio, en otras ocasiones nos llevará a plantear nuevos límites o a recolocar el vínculo.

Otro mito que nos hace muchísimo daño es el del emparejamiento, que básicamente nos inculca que para ser personas «de bien» necesitamos tener pareja, la expectativa de tenerla o un motivo muy válido para no tenerla durante un tiempo (como que tu anterior vínculo haya fallecido, por ejemplo). Esto significa que cuando pensamos en romper una relación, también lo sentimos como una devaluación social, como un «ahora ya no me van a ver del mismo modo». Y como, por norma general, queremos que se nos perciba como personas exitosas en el ámbito social, evitamos esa devaluación a toda costa.

Por eso se generan dinámicas de «ganadores» y «perdedores» en las rupturas, que son bastante tóxicas. ¿Y cómo se suelen repartir los premios? Pues normalmente depende de quién sea el primero que inicia otra relación, o de si ambos lo hacen, o depende de la «calidad social» de sus parejas, o de lo rápido que avancen en la escalera social.

¿Somos conscientes de lo dañino que esto? Lo cierto es que nos impide pasar por el proceso de duelo de manera sana, porque estamos tan preocupadas por proteger nuestra imagen social después de la ruptura que no vemos más allá. Podemos llegar a iniciar relaciones «liana», en las que es probable que seamos un desastre en cuanto a responsabilidad afectiva, o que sobrecompensemos nuestra imagen con otros elementos, como arreglarnos un montón de repente, salir mucho de fiesta o iniciar una nueva afición. Esto no tiene nada de malo cuando son herramientas que utilizamos porque nos funcionan en el momento («me arreglo más porque me siento genial y punto»), pero se convierten en un conflicto interno cuando nacen de la inseguridad de querer demostrar algo a alguien.

Por último, algo que nos condiciona bastante a la hora de plantear o asumir una ruptura es la seguridad que tengamos en nuestra propia gestión del dolor. Si me veo a mí misma como una persona «débil», a quien todo le hace daño, intentaré evitar cualquier tipo de conflicto o de desregulación emocional.

Muchas veces, además, nos juzgamos sin saber realmente cómo vamos a reaccionar; dado que creemos que reaccionaremos mal, directamente evitaremos exponernos a ese tipo de situaciones. Por eso, el autoconocimiento también es una parte importante en estos procesos y nos ayuda a ganar confianza a la hora de afrontar situaciones difíciles emocionalmente.

En resumen, las cogniciones previas que tengamos acerca de las relaciones, nuestro estilo de apego y la confianza que tengamos en nuestras herramientas para sobrellevar el dolor son los principales elementos que regulan cómo reaccionamos ante situaciones de desvinculación.

Para poder ser más conscientes de lo que nos está afectando a la hora de abandonar una relación de cualquier tipo, es importante que pensemos en cómo nos sentimos realmente, e intentemos deconstruir el resto de pensamientos automáticos: ¿por qué pienso que nadie más me va a querer?, ¿qué es lo que siento que me da esta relación que no puedo tener con nadie?, ¿estoy ligando mi sensación de éxito personal a la relación?, etc.

Este proceso sirve también para afrontar el duelo en relaciones no monógamas, en las que una de las mayores dificultades es tratar que una ruptura con un vínculo afecte lo menos posible en la relación con los demás, pero esto no siempre es posible.

Nos será de ayuda sentirnos libres para hablar sobre cómo nos sentimos con esas otras personas, igual que lo hacemos con nuestra red afectiva en las monogamias. Asimismo, será útil evitar cargarles con todo el peso de la gestión y ser conscientes de que no pueden «ocupar» el espacio que tenía la otra persona.

Al final, que algo se acabe no significa que sea el fin. Los cambios suceden por algo. Y en algunas ocasiones traen consecuencias positivas de lo más inesperadas.

EL DUELO

El duelo no es el dolor que sentimos después de una pérdida, sino las herramientas que creamos para hacerle frente. Es un proceso que consiste en aprender a vivir sin esa persona en nuestras vidas y en recolocar nuestra red después de esa pérdida.

El proceso de duelo tiene distintas fases, que no son lineales ni aparecen en momentos específicos, sino que, especialmente al principio, pueden aparecer de manera caótica:

- **El *shock*.** Nuestro cerebro trata de procesar la idea de no volver a compartir determinadas cosas con esa persona o de no volver a verla. Nos sentimos como entumecidas emocionalmente y podemos seguir con nuestra rutina, mientras esa información se mantiene escondida en una parte de nuestra cabeza.
- **La negociación.** En esta fase se mezclan las necesidades actuales con el intento de mantener parte de la relación. Podemos pensar en bucle: «Oye, si hacemos esto, igual podemos volver», y valorar los distintos escenarios. Por lo general, esto nos provoca estrés y frustración, sobre todo cuando no hay espacio para esa negociación por la otra parte o por las circunstancias de la separación.
- **La tristeza.** Aparecen pensamientos recurrentes sobre la relación. Pueden aparecer también la culpa y el cuestionamiento. En general nos sentiremos apáticas, pero con picos emocionales que nos pueden provocar episodios de llanto, insomnio, problemas con la comida, etc.
- **El enfado.** En esta fase, nuestro cerebro ya ha procesado parte de la información y se está empezando a proteger del dolor. A veces, ese enfado es lícito y permite desnormalizar algunas conductas que te dañaban de la relación («me culpé de esto, pero en realidad fue ella quien rompió nuestros acuerdos»). En otras ocasiones se focaliza en pequeñas cosas («a mí antes no me llevaba en coche, y ahora a su nueva novia la lleva a todos lados») que vamos a ir despersonalizando y relativizando con el tiempo. Nos podemos

sentir más irritables con los demás, e incluso puede ser que ese enfado se extienda a otras áreas de nuestra vida.

- **La aceptación.** Supone la llegada de un estado de calma y de asimilación de la pérdida. Se da tanto en el plano racional como en el emocional. No es que nos olvidemos de lo que nos duele, sino que podemos recordarlo sin desregularnos. Nos sentiremos más tranquilas, más seguras a la hora de hablar del tema, y con un relato coherente sobre cómo ha sido ese proceso para nosotras.

Estas fases pueden tener una duración indefinida, que normalmente va desde días o semanas hasta meses o años. Por ejemplo, tras una relación de más de tres años, lo habitual es pasar entre seis meses y dos años de duelo. Sin embargo, si la pérdida se debe a un fallecimiento, este período se puede alargar hasta los cinco años. Cuando tras todo ese tiempo seguimos con el dolor intacto porque hemos desarrollado herramientas de evitación, en vez de afrontamiento, hablamos de duelo demorado o enquistado.

La evitación del duelo puede aparecer en forma de trastornos del control de impulsos, como las adicciones (con o sin sustancias), o trastornos de la alimentación. Simplificando mucho, la base de todo esto radica en que procesar el dolor es incontrolable, por lo que buscamos cosas que sí podemos controlar: me fumo un porro y me evado; me doy atracones porque, mientras como, no siento el dolor; apuesto de manera compulsiva porque me da una motivación a corto plazo, etc.

El problema es que, hagamos lo que hagamos, la sensación de vacío no desaparece, y cada vez aumentamos más la intensidad de la evitación para poder taparla. Conozco demasiados casos de personas que arrastran el duelo durante años, y desde ese vacío no son capaces de construir relaciones estables.

Otras maneras de evitar el dolor tras una ruptura es buscar reemplazos automáticamente: pierdo a alguien y coloco a otra persona en su lugar, y así hasta el infinito. Esto no solo nos impide saber lo que queremos en las relaciones, ya que basaremos nuestras necesidades en reproducir el patrón de la relación por la que estamos en duelo, sino que también es irresponsable con la otra persona desde el punto de visto afectivo.

Además, si procesamos la pérdida desde la evitación, es probable que tengamos episodios de disociación, que no seamos capaces de pensar o de hablar sobre esa persona, o que ni si quiera recordemos espacios temporales de la relación o de los días posteriores a la separación.

Por eso es importante entender que tenemos derecho a estar mal, que «un clavo no saca otro clavo» y que cada persona vive la pérdida y el duelo de una manera diferente. No podemos transitar por nuestro duelo desde las reglas ajenas ni juzgar el proceso que otras personas hacen para gestionar su duelo.

Además, es lógico que durante los primeros días o semanas sintamos una «gripe emocional», es decir, que estemos muy cansadas todo el tiempo, con problemas de memoria y concentración, y falta de motivación para hacer actividades que antes disfrutábamos. Entender y validar estas sensaciones es el único camino para hacer frente al dolor de una manera consciente.

Asimismo, en el plano cognitivo, nos encontramos con una ruptura del «mundo justo». Eso que implica que tendremos que reajustar algunas de nuestras premisas sobre el mundo, cosas que hemos atribuido inconscientemente, pero que no nos sirven en esta situación.

David llevaba seis años de relación con su pareja, Manu, cuando este le dijo que había conocido a otra persona y que quería dejar la relación. Le pilló completamente por sorpresa y contempló, indefenso, cómo Manu recogía sus cosas del piso que compartían en común a lo largo de la siguiente semana.

Una vez que se quedó solo no paraba de culparse, pues tenía que haber hecho algo para que Manu perdiera el interés. Analizaba pequeños detalles y se martirizaba con el recuerdo de cada situación en la que no había tratado a su expareja con el suficiente cariño o atención. Además, se empezó a obsesionar con compararse con el chico por el que Manu le había abandonado, y sentía que salía perdiendo en todo, a pesar de que lo único que sabía de él era lo que veía a través de las redes sociales de su exnovio.

A David le habían enseñado que si no le das a alguien lo que necesita, lo acabará buscando fuera. Eso potenciaba que se culpabilizara de todo y que le costase avanzar, ya que estaba buscando una explicación que realmente no existía.

La «teoría del mundo justo» es un atajo cognitivo que nos enseñan desde pequeñas y que causa conflictos en estas situaciones. Postula que si eres buena persona, te pasarán cosas buenas, y si eres mala persona, te pasarán cosas malas. Se inculca a través de la religión, del karma e incluso de supuestos «coaches» que te dicen que atraes aquello en lo que piensas. La realidad es mucho más incontrolable, y este tipo de cogniciones son muy útiles cuando nos va bien, pero excesivamente culpabilizantes cuando sucede algo negativo en nuestras vidas.

En este caso, David se culpaba porque sentía que si Manu había perdido el interés en la relación, tenía que ser culpa suya;

si lo hubiera hecho todo bien, eso no habría sucedido. Y este pensamiento se convertía en un bucle del que no podía salir. Por este motivo, deconstruir la idea de que existe una causalidad para todo nos ayuda a poder ver estas situaciones con perspectiva. A veces, la vida simplemente nos pasa por encima; no siempre hay un motivo racional detrás.

En lo que respecta al autocuidado en un proceso de duelo, tendremos que hacernos cargo tanto de la parte emocional como de la cognitiva. Además, tendremos que intentar buscar herramientas conductuales que nos ayuden en el proceso. Estas herramientas pueden aplicarse al ámbito social, como hacer más planes, buscar nuevas aficiones o recuperar alguna antigua, ampliar tu red afectiva, etc. También pueden tener que ver con la relación con una misma, como iniciar un proceso terapéutico, aprender a hablarnos mejor o leer libros que nos ayuden a entender cómo nos sentimos.

Sin embargo, muchas veces se nos olvida la parte de recolocar a esa persona en nuestra red, entender qué papel tiene ahora y qué nos aporta. A lo mejor, la respuesta es que no tiene ningún papel. En ese caso, estupendo, pues será más fácil aprender a vivir sin ella. Pero, en otras muchas ocasiones, tendremos que poner en una balanza lo que sí queremos de ese vínculo y lo que no, y ver si es factible. Porque cuando nos separamos de alguien, no solo nos separamos de esa persona, sino también de lugares en común, de canciones y rutinas compartidas, de otras personas que van ligadas a ella (como su familia), de las mascotas y la vida en común, de las expectativas que se habían generado y de las experiencias que nunca se han llegado a vivir. Por eso a veces cuesta avanzar, porque cargamos con todo eso en la mochila y necesitamos irlo recolocando poco a poco para que no pese tanto.

Recuerdo una ruptura que me destrozó cuando tenía diecisiete años, y que provocó que estuviera dos años sin escuchar a uno de mis grupos favoritos. Hasta que no recoloqué esa parte y fui a un concierto de ese grupo yo sola, no sentí que había dejado totalmente atrás el dolor.

A veces necesitamos atender cosas pequeñas pero importantes para nosotras. Recolocar tiene que ver con ser conscientes de lo que nos hacía felices y no tratar de evitar pensar ello, aunque ahora nos cause dolor o malestar.

Obviamente, tampoco es sano exponerse de golpe a todo. De hecho, los duelos en los que tienes que seguir viendo a la otra persona casi a diario son de los más difíciles de afrontar, porque todos los días se suma nueva información que procesar y que interpretar, lo que interfiere en la recolocación de las cosas del pasado. Sin embargo, está bien forzarse a meter el dedo en la llaga de vez en cuando y con cariño. Escucha su cantautor favorito, haz una comida que siempre compartíais o vuelve a ese lugar que te encantaba y hazlo tuyo. No tenemos por qué huir de todo lo que nos recuerde a la relación.

Estas son algunas herramientas específicas que nos pueden ayudar a lo largo de este camino:

- Entender que el dolor de la pérdida no desaparece de golpe, sino que se va haciendo más llevadero con el tiempo. Por tanto, ten paciencia contigo y con tu proceso.
- No te obsesiones con las pequeñas cosas. A no ser que tengas una máquina del tiempo, no podrás cambiar nada.
- Tener contacto cero durante un tiempo suele ser muy útil, especialmente si han sido relaciones muy largas o había dinámicas de «montaña rusa».
- No es necesario dar por hecho lo que va a pasar en el futuro. Lo ideal es centrarse en objetivos a corto plazo durante un tiempo y lo demás ya se verá.
- Expresa tus emociones y busca apoyo en el resto de tu red afectiva, pero no les responsabilices de tu malestar ni in-

tentes que asuman el lugar o las funciones de la persona que se ha ido. Cuando alguien desaparece de nuestras vidas, deja unos cimientos sobre los que solo podemos construir nosotras.

Al final, las tres grandes claves serían: tiempo y paciencia; buscar apoyo en otras personas y en unos hábitos saludables, y buscar maneras de expresarnos emocionalmente, que pueden ir desde pintar cuadros hasta acudir a terapia (o ambas a la vez).

VOLVER A EMPEZAR

Una vez que nos sentimos en paz con la pérdida, es el momento de volver a empezar; a ser posible, desde un lugar distinto a aquel en el que estábamos antes. Aceptando que no somos la misma persona, que no tenemos las mismas necesidades y que nuestros objetivos los decidimos nosotras.

Hay que tener cuidado de no caer en patrones regresivos. Por ejemplo, cuando he comenzado una relación a los quince años y la he dejado con cuarenta, es probable que sienta que me he perdido hitos sociales que debía de haber vivido en mi juventud. Esto puede provocar que me comporte como me habría gustado hacerlo entonces y que mi gestión emocional no se adecue al estadio de mi vida en el que estoy. Esto no es necesariamente negativo, porque hay ciertas fases que vamos a pasar sí o sí a lo largo de nuestra vida, al margen de nuestra edad, pero sí hay que ser conscientes de que son temporales y de que no siempre son coherentes con nuestras necesidades reales de ese momento. Así que podemos disfrutar de esas fases durante un tiempo, pero más adelante nos tocará asumir la realidad.

Otro de los retos al que nos enfrentaremos tras un duelo será entender que el papel que tenemos en la vida de nuestra expareja no siempre es simétrico al que esa persona tiene en la nuestra. Igual para nosotras sigue siendo un vínculo muy cercano dentro de la red afectiva, pero para la otra persona no es así. A veces se hace complicado asumirlo, y nos tocará hacer un ejercicio de tolerancia y no presionar para que la otra persona se sienta como nosotras queremos. Asimismo, podemos sentirnos impotentes cuando vemos a alguien a quien hemos querido mucho llevar a cabo conductas que no son sanas tras dejar la relación.

Evitar responsabilizarnos por sus acciones, así como marcar límites si lo consideramos necesario es el único modo de no caer en un patrón en el que sigamos sintiéndonos atadas a esa persona. Cada uno es responsable de sus actos. Además, si en muchas ocasiones no hemos sido capaces de cambiar esas conductas cuando estábamos en la relación, ¿por qué pensamos que lo podemos hacer ahora que estamos en otra posición?

Una de las sensaciones que nos pueden acompañar en este nuevo camino es la de estar esperando algo. Se nos antoja como un período de transición a lo que está por venir. Esto se debe, en gran parte, a que hemos tenido que deconstruir unas expectativas y nos toca trabajar en construir otras.

Por ese motivo, algunas de las posrupturas más complicadas son las de los «casi algo», esa persona con la que estabas creando unas expectativas de relación que nunca se cumplieron, ya que, al no contrastarse con la realidad, pueden quedar idealizadas y es más difícil deshacernos de ellas.

Recolocar nuestros objetivos y nuestra red afectiva, y focalizarnos en metas a corto plazo sería lo ideal en estas ocasiones. Cuando nos quedamos a vivir en el pasado, no somos capaces de disfrutar del presente ni de pensar en el futuro.

A medida que vayamos avanzando, no se dará seguramente esa sensación mágica de «ya he superado a esta persona», porque ¿qué significa «superar a alguien»? Seguirá formando parte de nuestros pensamientos y de nuestra vida. La cuestión es la carga emocional que nos generan esos recuerdos en el día a día.

El primer día que no piensas en el tema durante media hora después de levantarte ya es un éxito. Poco a poco, esos momentos serán más extensos, hasta que se conviertan en tu nueva normalidad. Puedes sentir liberación y alivio, que luego pueden ir acompañados de crisis de culpa en las que te replanteas todas tus decisiones. Ese cuestionamiento es parte del proceso. A veces, volver a empezar significa ponerlo todo patas arriba y luego construir desde las piezas más inesperadas.

Es decir, para volver a empezar necesitamos:

- Desligarnos del rol que teníamos antes y pensar en qué lugar queremos situarnos ahora. No tiene sentido abandonar una relación romántica y seguir con las mismas cargas que durante la relación, aunque pasa más a menudo de lo que debería.
- No anticiparnos. Necesitamos tener paciencia y darnos tiempo para sanar.
- Crear nuevos objetivos y expectativas. Pueden ser de cualquier tipo, desde adoptar una mascota, comenzar una nueva afición, hacer un viaje, hacer un cambio de vida o redecorar la casa. Lo importante es que sirvan para hacer tuyos ciertos espacios y momentos.
- No personalizar: no todo lo que hace tu expareja tiene que ver contigo.
- Recolocar nuestra red afectiva. A lo mejor, durante los últimos años, nuestro apoyo principal ha sido esa persona que se ha ido. En vez de pensar que ya no podemos contar con nadie, o cargar a una sola persona de nuevo con ese peso, podemos repartirlo entre distintos vínculos de nuestra red.

En definitiva, podríamos decir que volver a comenzar a vivir después de una ruptura tiene mucho que ver con flexibilizarnos, con entender que la vida no es justa y que, al final, las que siempre vamos a estar ahí (en la salud y la enfermedad, hasta que la muerte nos separe) somos nosotras. Y es en esos momentos en los que querernos a nosotras mismas y ser nuestro vínculo principal se vuelve una revolución y nos demostramos que podemos con todo lo que nos depare el futuro.

EJERCICIO: Decir adiós a través de una carta

Una de las herramientas más usadas en el duelo es el ejercicio de la silla vacía o de la carta, que básicamente sirven para que podamos expresar lo que sentimos en esos momentos. Consiste en crear un espacio seguro en el que podamos hablar y gritar si lo necesitamos, y escribir directamente a la persona que se ha ido sobre todo lo que le querríamos decir.

Puede que salga de golpe o que tardemos varios días en completarlo. Incluso podemos hacer este ejercicio en distintas fases del duelo para ver cómo vamos evolucionando.

Una vez escrita la carta, podemos utilizar una silla vacía para imaginar que está allí la otra persona y leérsela, o bien simplemente releerla para nosotras.

Tras esto, una opción es guardar esa carta, darle un lugar especial y saber que está ahí. Otra opción es destruirla de alguna manera simbólica, para ayudarnos a procesar esa despedida.

Resumen de los puntos clave

1. Los motivos por los que alargamos de más las relaciones tienen que ver con los mitos del amor romántico, pero también con nuestra historia de vida y con las experiencias que hayamos tenido.
2. Las rupturas también pueden ser actos de amor, tanto hacia la otra persona como hacia nosotras mismas.
3. Si evitamos el dolor que nos produce la pérdida, este no desaparece, sino que se va acumulando hasta que explota.
4. Las fases del duelo no son lineales ni tienen un tiempo predefinido, sino que se pueden dar de manera caótica.
5. Poder expresarnos, buscar apoyo y tener unos hábitos saludables será muy útil a la hora de pasar por procesos de pérdida.

CONCLUSIÓN

No es fácil, pero merece la pena

La sociedad no nos pone fácil que tengamos relaciones bonitas. Nuestros cuerpos se convierten en un campo de batalla y nuestras emociones son invalidadas por normas culturales establecidas mucho antes de que nosotras naciéramos. Por eso, cuestionar este modelo es una cuestión de salud mental.

Al final, no sirve de nada hablar sobre violencia si carecemos de herramientas para construir después de la tormenta o para evitar la siguiente. Además, tenemos derecho a vivir nuestro amor y nuestra sexualidad de una manera libre, sin estar sometidas a un montón de términos y condiciones que nunca nos han dado la opción de firmar.

Uno de los mensajes más importantes que he querido transmitir a lo largo de estas páginas es que no controlamos las acciones de los demás, pero sí el lugar que les damos en nuestra vida. Así, la manera de concebir las relaciones cambia mucho cuando dejas de preguntarte «¿por qué me hacen esto?» y empiezas a preguntarte «¿por qué estoy permitiendo que me traten de esta forma?».

Y es que cuando nos acostumbramos a la violencia en las relaciones, acabamos dudando de nosotras mismas y desconfiando de todo el mundo. Nos culpamos por el daño que recibimos y creemos que tenemos que devolverlo para no ser «débiles», cuando en realidad el amor no debería ir de la mano del dolor, los juegos de poder ni los castigos.

No es fácil deconstruir todos los mitos, aprender que la relación principal siempre somos nosotras o marcar límites de manera asertiva. Pero eso no significa que no podamos aspirar a ello e ir dando pasitos para acercarnos a ese objetivo.

Las relaciones sanas empiezan por una misma y se construyen desde la confianza, la honestidad, la libertad y el entender que querer a alguien supone aceptar que en algún momento te puede romper el corazón. No existen certezas absolutas de que nadie nos vaya a dañar.

Respetar acuerdos básicos (como el hecho de que cada persona tenga su parcela de privacidad, que se pregunten las cosas y que puedan hablar sobre los conflictos de forma directa), entender los celos como algo natural, expresarse desde los cuidados y no desde el control, y evitar responsabilizarnos de las emociones ajenas son algunas de las claves que nos permiten mejorar nuestros vínculos de intimidad.

A veces, cuidarse es ser capaz de irse después de la primera discusión a gritos; otras es quedarse y trabajar en tener una comunicación no violenta con la pareja. A veces, priorizarse es elegir abortar; otras, renunciar a un trabajo para disfrutar de la maternidad. No existen reglas generales para todo el mundo.

Por eso, nos estamos arriesgando cada vez que creamos vínculos de intimidad, pero eso no significa que nos debamos paralizar. Podemos crear nuestra red de protección, aprender a hacer frente a nuestra inseguridad y caminar mirando siempre hacia el lugar al que queremos llegar.

No es fácil, pero merece la pena.

GLOSARIO

Acoso escolar

Cualquier forma de maltrato psicológico, verbal o físico que se produce entre estudiantes de forma reiterada a lo largo de un tiempo determinado, tanto en el aula como a través de las redes sociales u otros medios.

Acoso laboral

Hostigamiento de una persona en su puesto de trabajo, debido a conductas de autoritarismo, chantajes, vejaciones o manipulaciones por parte de sus superiores o de otros compañeros.

Acuerdo de fluidos

Pacto que determina las medidas que se tomarán a la hora de proteger la salud sexual de las personas implicadas en una relación no monógama (por ejemplo, cuándo se utilizará preservativo, si se harán pruebas médicas cada poco tiempo, etc.).

Alosexualidad

Designa a personas que disfrutan teniendo una sexualidad activa en sus relaciones románticas o que pueden construir vínculos puramente sexuales.

Bisexual

Persona que se siente atraída por personas de su mismo género o de otros géneros. Hay un debate sobre si debe ser sustituido por la palabra «pansexual», que hace una referencia más explícita a las personas no binarias. Sin embargo, son sinónimos, así que el uso de uno u otro depende de por cuál sintamos más afinidad.

Bottom

Dentro de una relación homosexual masculina, se considera *bottom* a la persona que recibe la penetración cuando hay sexo anal. Es un término que puede resultar vejatorio, ya que muchas veces se asocia con un comportamiento sumiso dentro de la relación.

Butch

Este término comenzó a emplearse en la década de 1940, cuando las mujeres comenzaron a poder entrar en los bares sin que un hombre las acompañase, lo que les dio la libertad a algunas de poder vestirse con ropa típicamente masculina. Esto se conserva hasta el día de hoy y se utiliza en la comunidad *queer* para definir a las mujeres (normalmente lesbianas) cuya expresión de género es masculina.

Cis

Personas que se identifican con el género que les han asignado al nacer.

Cispassing

Este término hace referencia a las personas trans que han hecho una transición médica por la cual son percibidas socialmente como personas cis.

Coitocentrismo

Las ideas respecto a que la penetración (normalmente pene-vagina) es la única práctica válida en el coito y lo demás son «preliminares» para llegar a ese fin.

Compersión

Sensación de felicidad y satisfacción que sientes cuando ves a tu pareja desarrollar relaciones de intimidad con otras personas.

Dead name o necronombre

Primer nombre legal de una persona trans. Aquel que le dieron al nacer y que no se corresponde con el nombre con el que se identifica.

Energía de la nueva relación
Primera fase del enamoramiento.

Espectro ace
Este espectro incluye a todas las personas que no se consideran alosexuales y que, por tanto, no suelen tener la necesidad de establecer vínculos puramente eróticos ni de tener un componente sexual dentro de sus relaciones románticas.

Expresión de género
Manifestaciones externas del género, como la vestimenta, el habla, etc.

Femme
Término surgido en el mismo contexto que *butch*. Hace referencia a las mujeres lesbianas que vestían y se expresaban de manera típicamente femenina.

Gaslighting
Patrón de abuso emocional, también llamado «luz de gas», en el que la víctima es manipulada para que llegue a dudar de su propia percepción, juicio o memoria. Esto provoca que la persona se sienta ansiosa, confundida o incluso depresiva.

Gay
Expresión que designa a los hombres que sienten atracción y tienen relaciones románticas y eróticas con otros hombres.

Heteropassing
Término que hace referencia a cómo es percibida socialmente una persona LGTBQIA+ en función de si se adapta más a la norma y «puede pasar como hetero» o no. Normalmente, está relacionado con la vestimenta, la forma de hablar, los manierismos o el estilo de vida.

Identidad de género
Concepto que uno tiene de sí mismo en función de cómo se define dentro del espectro del género.

Intersexual

Persona que desarrolla alguna variación corporal de las características sexuales. Estas características varían. Pueden ser inaparentes, parecer masculinas y femeninas al mismo tiempo, o no del todo masculinas o femeninas, o ni masculinas ni femeninas.

Lesbiana

Mujer que siente atracción y tiene relaciones románticas o eróticas con otras mujeres.

Love bombing

Intento de influir en una persona mediante demostraciones de atención y afecto. Se suele dar al principio de las relaciones o en momentos concretos.

Metamor

Dentro de las no monogamias, son los vínculos románticos o sexuales de tus vínculos, es decir, las parejas de tus parejas.

Monogamia en serie

Patrón social que consiste en tener distintas relaciones monógamas encadenadas a lo largo del tiempo.

Persona trans binaria

Persona que no se identifica con el género que le han asignado al nacer, pero sí con uno de los dos géneros binarios (hombre o mujer).

Persona trans no binaria

Persona que no se identifica con el género que le han asignado al nacer, pero tampoco con ninguno de los géneros binarios, aunque puede sentirse cómode dentro de una expresión de género binaria.

Queer

Persona que no se siente identificada con las ideas establecidas de sexualidad y género. Esta palabra significa «raro» en inglés y se la ha reapropiado el castellano para definir una gran cantidad de vivencias personales que difieren de la norma tradicional.

Relación liana

Aquella que empieza en un período muy corto de duración después de la anterior ruptura o incluso antes de la misma.

Top

Dentro de una relación homosexual masculina, se considera *top* a quien ejerce la penetración cuando hay sexo anal. Es un término que puede resultar vejatorio, ya que muchas veces se asocia a un comportamiento dominante dentro de la relación.

Trigger

Detonante o desencadenante emocional que provoca una reacción de desregulación.

Violencia filioparental

Aquella que ejercen los hijos sobre sus progenitores o cuidadores principales.

Violencia infantil

Aquella que ejercen los progenitores o cuidadores principales sobre los menores a su cargo.

Violencia intragénero

Aquella que se produce en parejas del mismo género.

Violencia de género

Aquella que se ejerce sobre las mujeres por motivo de su género y las expectativas que se tienen sobre ello. El objetivo del agresor es producir daño y conseguir el control sobre la mujer, por lo que, en muchas ocasiones, se produce de manera continuada en el tiempo y sistemática en la forma, como parte de una misma estrategia.

Violencia relacional

Aquella en la que se utiliza a terceras personas para difamar, aislar o manipular a la víctima. Es muy habitual, por ejemplo, en contextos de acoso escolar.

Violencia vicaria

Aquella que no se ejerce directamente sobre la víctima, sino contra personas, animales u objetos que son preciados para ella.

AGRADECIMIENTOS

Escribir este libro ha sido una experiencia muy bonita. He podido poner en palabras un montón de ideas que siempre han estado en mi cabeza, pero que no he aprendido a organizar hasta hace relativamente poco. Y tengo claro que no habría sido capaz de pasar por todo ese proceso si hace cinco años no se hubiera acercado a mí una persona con la propuesta de crear un colectivo para acompañarnos en nuestras relaciones no monógamas y crear vínculos más sanos. Esa persona es Dioni, y el primer gracias va para él, porque me encaminó en una dirección que creo que voy a seguir el resto de mi vida. Asimismo, les debo mucho a mis otras compis de Poliamor Salamanca, sin las que esa idea no hubiera salido adelante y de las que he aprendido infinitamente a lo largo de estos años; me gustaría destacar especialmente a María, Andrea y Marina.

También he tenido varias profesoras a lo largo de mi vida que han sido realmente importantes para entender que puedes ser profesional y persona a la vez. Ana y Mercedes, del instituto, me ayudaron a poner los pies en el suelo y plantearme qué quería hacer con mi futuro. Muchos años después, Marien me presentó la cárcel y el trabajo con los presos, de una manera completamente distinta a la que había conocido hasta entonces, y plantó unas semillas muy importantes en mi manera de entender y abordar la violencia.

Y, por supuesto, tengo que dar las gracias también a mi red afectiva, que está ahí siempre, aunque sea para quejarnos de lo mal que va todo. No puedo nombrar a todo el mundo que me gustaría, pero tengo que mencionar a Óscar, por ser un compañero de vida estupendo; a Marja, porque algún día nos iremos a vivir juntas al monte; a Xio, que no sabe lo importante que es para el mundo todavía; a Ainur, que lo está empezando a descubrir; a Felipe, porque este va a ser el primer libro que le pueda dedicar y porque, gracias a él, la poesía y el punk van de la mano; a Adri, por ser un ancla en mi vida; a Blanki, por hacernos muy viejas juntas, y a Víctor, Apausa, Coral, Crespo, Santi y Ángela, por hacer que esté en casa cada vez que nos juntamos.

Y muy cerca de mí, dentro de esa red, está mi madre, que me ha apoyado incluso cuando no me entendía. Y también mi hermano, que me ha enseñado mucho más sobre la vida de lo que él cree.

Por último, nada de esto habría sido posible sin la propuesta de mi editora, Eugenia, y de todas las personas de la editorial que han hecho que escribir este primer libro sea un camino muy fácil. Gracias.